Das Motorrad perfekt beherrschen

Kaum ein anderes Fahrzeug vermittelt so viel Dynamik wir das Motorrad.

René Degelmann

Das Motorrad perfekt beherrschen

Fahrtechnik für Aufsteiger und Könner

Titelfoto: Frank Ratering

Bildnachweis: S. 87 Michael Zinn
alle anderen Abbildungen vom Autor

Ein kostenloses Gesamtverzeichnis
erhalten Sie beim
GeraMond Verlag
D-81664 München
www.geramond.de

Lektorat: Michael Dörflinger, Marcus Piorkowski
Umschlaggestaltung: Kraxenberger, München
Layout: BUCHFLINK Rüdiger Wagner, Nördlingen
Herstellung: Thomas Fischer

Alle Angaben dieses Werkes wurden vom Autor sorgfältig recherchiert und auf den aktuellen Stand gebracht sowie vom Verlag geprüft. Für die Richtigkeit der Angaben kann jedoch keine Haftung übernommen werden.

Für Hinweise und Anregungen sind wir jederzeit dankbar. Bitte richten Sie diese an:
GeraMond Verlag
Lektorat
Innsbrucker Ring 15
D-81673 München
e-mail: lektorat© geranova.de

Die Deutsche Bibliothek – CIP-Einheitsaufnahme
Ein Titeldatensatz für diese Publikation ist bei
Der Deutschen Bibliothek erhältlich

Printed in Italy by Printer Trento S. r. l.
ISBN 3-7654-7785-0

Über den Autor:
René Degelmann erblickte am 4. Januar 1968 in Coburg das Licht der Welt. Wenige Jahre später sehnte er sich bereits nach Motorrädern. Seinen Traum vom Motorradfahren erfüllte er sich mit dem 23. Lebensjahr.
Der Diplom-Ingenieur (FH) in Versorgungstechnik arbeitete von 2000 bis 2002 in Teilzeit regelmäßig für eine Enduro-Zeitschrift und wechselte 2002 den Beruf, um sich als Technischer Redakteur ganz dem Journalismus zu widmen. Seine Erfahrungen sind in diesem Buch niedergeschrieben.

Faszination Motorradfahren

Sinnbildlich für Dynamik, Freiheit und Freude ist das Motorradfahren für viele Menschen das beliebteste Hobby und zugleich Passion. Kaum eine andere Aktivität verbindet so viele verschiedene Eindrücke mit Gefühlen und Erlebnissen wie das Fahren auf dem Motorrad. Im Gegensatz zum Autofahren besteht eine wesentlich höhere Bewegungsfreiheit, Agilität und Zusammengehörigkeit, aber auch ein viel intensiverer und direkter Kontakt zum Umfeld.

Der erste Schritt in diese faszinierende Form der Mobilität ist das Erwerben einer entsprechenden Fahrlizenz. In der Fahrschule werden die grundlegenden Kenntnisse zur Bedienung, Beherrschung und Technik des Motorrades vermittelt. Nach der Fahrschule heißt es, diese Kenntnisse durch eigene Erfahrungen zu erweitern. Dabei erlebt der eine oder die andere sicherlich Situationen, welche nicht in der Fahrschule durchgenommen wurden. Hier müssen die Motorradfahrerinnen und -fahrer die Lage selbst einschätzen und entsprechend reagieren lernen. Häufig werden in solchen Situationen die bereits beim Autofahren gemachten Erfahrungen herangezogen und adaptiert. Das ist leider nicht immer der richtige Weg und kann zu gefährlichen Situationen oder gar Unfällen führen.

Um auf solche Fahrsituationen vorbereitet zu sein, drängt sich die Überlegung auf, das eigene Fahrkönnen zu verbessern, sei es durch Übungen, ein Fahrtraining oder die Hilfestellung von Besseren. Doch wie setzt man dieses Ziel in die Tat um?

Die effektivste Methode ist das Absolvieren eines Fahrtechnik-Kurses, die günstigste das Lesen dieses Buches. Wenn man sich mit anderen zusammen tut und daran arbeitet, den Inhalt des Buches umzusetzen, ist der Lernerfolg sehr gut. Durch das gegenseitige Beobachten und Hilfestellung Geben ist das Ziel schnell erreichbar. Das gegenseitige Aufnehmen der Fahrübungen mit einer Videokamera zeigt einem bei der Analyse schnell wo es hakt.

An wen richtet sich dieses Buch

Mit dem vorliegenden Buch möchte ich euch die Möglichkeit geben, das eigene Fahrkönnen zu verbessern. Es fließen Tricks und Kniffe von professionellen Fahrern aus unterschiedlichen Bereichen ein, welche effektiv und für jeden verständlich sofort umgesetzt werden können.

Bei meiner Arbeit als Journalist und Tester für viele Motorrad-Zeitschriften habe ich Tricks und Kniffe aus erster Hand kennen gelernt und darüber berichtet. Dieses Wissen ist in diesem Buch konzentriert und kompakt jedem zugänglich, damit das Motorradfahren noch mehr Spaß macht und sich die eigene Sicherheit im Straßenverkehr verbessert. Ihr erhaltet wertvolle Informationen, welche viele Vorgänge beim Motorradfahren verständlicher machen und euch helfen, ungewöhnliche Situationen besser zu meistern.

Inhalt

Wichtiger Hinweis:

Motorradfahren auf der Straße und im Gelände birgt zum Teil Risiken und Gefahren, die einem selbst oder andere Personen Schaden zufügen können. Die in diesem Buch erklärten Fahrtechniken und die zugehörigen Übungen erfordern zum Teil eine sichere Beherrschung des Motorrades. Ungeübte sollten daher immer vorsichtig an die Sache ran gehen, Erfahrene dagegen sollten sich immer vor Augen führen, dass durch die eigene Routine oft Sicherheit empfunden wird, die nicht in dem eingeschätzten Maß vorhanden ist. Denn wer sich selbst überschätzt, beschwört Gefahrensituationen geradezu herauf.

Die Übungen dürfen nicht im öffentlichen Straßenverkehr, sondern nur auf abgesicherten und unbefahrenen Strecken durchgeführt werden. Der Autor und der Verlag können keine Haftung oder Verantwortung für Schäden oder Verletzungen übernehmen, die durch die erklärten Fahrtechniken und Übungen in diesem Buch entstehen. Also lasst bitte stets etwas Reserve bei euren Fahrkünsten übrig, um in Gefahrensituationen noch was retten zu können.

Einige der in diesem Buch genannten Marken, Produkte oder Modellbezeichnungen sind eingetragene Warenzeichen. Sie werden ausschließlich zu Identifikationszwecken genutzt.

Vor dem Start

Das Motorrad will von uns beherrscht werden, nicht umgekehrt.
Umso wichtiger ist es zu wissen, welches Modell für einen selbst am besten geeignet ist.

Die wichtigste Frage lautet: Habe ich eigentlich das richtige Motorrad? Wer sich den Traum vom motorisierten Zweirad erfüllen möchte, sollte das sehr gründlich und überlegt vorbereiten. Steht das Motorrad erst einmal in der Garage, müssen eventuelle Nachteile gegenüber anderen Modellen akzeptiert werden. Das kann das Fahrvergnügen nicht nur sehr beeinträchtigen, sondern auch die Sicherheit mindern. Der Kauf eines Motorrades benötigt also Zeit und etliche Probefahrtkilometer. Nur wer Eins mit seinem Bike werden kann, erreicht das Ziel der perfekten Fahrtechnik.

Wer schon ein Motorrad besitzt, kann dennoch einige Optimierungen vornehmen, um das Fahren zu verbessern. Bevor es los geht, sollten auf jeden Fall einige Dinge überprüft und eingestellt werden.

Hier begehen viele schon die ersten und nicht zuletzt schwerwiegendsten Fehler. Vor allem nach einer längeren Pause, in der das Motorrad vielleicht mehrere Monate abgestellt war, ist eine gründliche Vorbereitung des Fahrzeugs notwendig. Durch langes Stehen können Leckagen auftreten, die vielleicht nicht sofort erkennbar sind, oder sich bewegliche Teile festsetzen.

Bremsen kontrollieren

Kaum ein anderes Bauteil ist so wichtig wie die Bremse. Dabei ist sie auch das am stärksten beanspruchte Teil am Motorrad überhaupt. Die einwandfreie Funktion ist ein absolutes Muss . Grundsätzlich können Bremsen in zwei Gruppen eingeteilt werden:

Trommelbremsen

Diese sind zwar technisch gesehen schon etwas antiquiert, bei hubraumschwächeren und älteren Modellen zumindest am Hinterrad noch gelegentlich anzutreffen. Ob der Belag der Trommelbremse noch ausreichend ist, ist schwieriger zu überprüfen und erfordert eine gewisse Erfahrung bzw. Kenntnis des Motorrades. Je weiter der Verschleiß fortgeschritten ist, desto mehr lässt sich der Bremshebel bewegen bevor eine Bremswirkung spürbar wird. Der Weg des Bremshebels ist also ein entscheidender Indikator zur Ermittlung des Verschleißzustandes. Der Hebel, der die Beläge auseinander drückt muss sich entweder innerhalb der Verschleißmarkierung befinden oder sich höchstens um 40 Grad drehen lassen.

Wer sich nicht sicher über den Zustand der Beläge ist, sollte das Rad ausbauen und eine Sichtkontrolle durchführen. Der Belag darf nicht glasig aussehen. Ein glasiger Belag deutet auf eine Überhitzung durch Überbeanspruchung der Bremse hin und muss unbedingt ausgetauscht werden, die ursprüngliche Bremsleistung ist nicht mehr gegeben.

Scheibenbremsen

Mit Scheibenbremsen werden sicher über 90 Prozent aller Motorräder ausgestattet. Eine Kontrolle dieses Systems ist recht einfach, da man neben der Scheibe selbst auch die Belagstärke der Bremsklötze in der Zange direkt sehen kann. Die Mindeststärken von Scheiben und Belägen sollten ausreichend und die Anlage in einem optisch guten Zustand sein. Beim Schieben des Motorrades kann die Funktion der Vorderradbremse überprüft werden. Bei Motorrädern mit Bremskraftverstärker sollte die Zündung eingeschaltet sein.

Bei Scheibenbremsen gilt ebenfalls, dass die Beläge nicht glasig sein dürfen. Auch hier ist das nur durch das Ausbauen zu prüfen. Im Regelfall kann dabei allerdings das Rad im Motorrad verbleiben.

Die Bremsflüssigkeit sollte mindestens einmal im Jahr gewechselt werden, da diese Flüssigkeit extrem hydrophil ist, was bedeutet, dass sie extrem Wasser an sich bindet. Im Lauf der Zeit befindet sich, ohne dass es sichtbar ist, mehr und mehr Wasser im System, was zu gefährlichen Ausfällen führen kann. Bei einer Vollbremsung wird das gesamte System stark aufgeheizt. Weil Wasser einen viel niedrigeren Siedepunkt als die Bremsflüssigkeit besitzt, können Wasserdampfblasen entstehen. Dampf ist im Gegensatz zu Flüssigkeiten sehr stark komprimierbar. Die Folge ist, dass der Zug am Bremshebel keine Wirkung mehr hat.

Die Bremsflüssigkeit ist auch dann zu wechseln, wenn sie durch mehrere starke Bremsmanöver einmal überhitzt wurde. Sie besitzt dann nicht mehr die gewünschten Eigenschaften. Die Übertragung der Bremskraft kann im Extremfall wie bei eingedrungenem Wasser plötzlich versagen.

Um die immense Leistung einer Scheibenbremse zu verdeutlichen, kann man sich vorstellen, dass bei einer Vollbremsung aus hoher Geschwindigkeit mehr als 1000 PS an Energie abgebaut werden müssen – es ist also ein absolutes Hochleistungsteil, welches gut gepflegt werden muss.

Lenkung

Die Kontrolle der Lenkung führt man am besten beim aufgebockten Motorrad durch. So kann das Spiel des Lenkkopflagers und das Lager selbst gut kontrolliert werden.

Wenn man die unteren Enden der Gabel anpackt und in Richtung des Bikes drückt und zieht, darf die Bewegung nur wenige Millimeter möglich und kein deutliches Spiel spürbar sein. Ist die Toleranz überschritten, muss das Lager nachgezogen werden.

Ein zu fest angezogenes Lager übt einen zu hohen Druck auf die Kugeln oder Rollen aus. So wird das Lager im Lauf der Zeit stark abgenutzt und erhält vor allem in der Geradeaus-Stellung meist eine Ausgeschlagene Stelle. Wenn man die Gabel langsam nach rechts und links dreht und im Geradeaus-Zustand eine Rasterung spürt, war das Lager zu fest angezogen und muss nun getauscht werden.

Beim Drehen der Gabel sollte gleichzeitig beobachtet werden, ob nicht etwa Leitungen oder Kabel im Weg sind oder gar gequetscht werden. Die Drehbewegung muss bis zum Lenkanschlag hindernis- und störungsfrei sein.

Federung

Auch die Federung gehört zu den wichtigsten Bauteilen. Sämtliche Unebenheiten des Untergrundes

Messen und protokollieren hilft schnell die richtige Einstellung zu finden.

sowie Beschleunigungs- und Bremskräfte müssen von ihr aufgenommen und kompensiert werden. Bei einem Motocross-Motorrad werden durch die harte Beanspruchung die Komponenten der Federung so heiß, dass man sich die Finger verbrennen kann.

Um die Federung einzustellen, müssen die Federwege bei unterschiedlichen Fahrzeugbelastungen (A, B, C) gemessen werden.

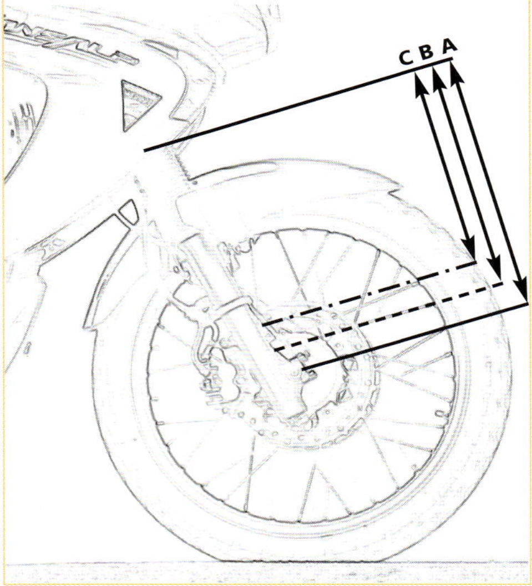

Um die Federung optimal auf die eigenen Bedürfnisse abzustimmen, sind verschiedene Einstellungen vorzunehmen. In der Regel können an der Gabel die Zug- und Druckstufe, am hinteren Dämpfer dazu noch die Federvorspannung verstellt werden.

Die Zugstufe regelt das Ausfeder-Verhalten nach einer Kompression. Wird die Zugstufe höher eingestellt, ist der Widerstand zum Ausfedern größer und findet langsamer statt.

Bei der Zugstufe gibt es außerdem noch einen Negativ-Anteil beim hinteren Dämpfer. Wenn man bei einem unbelasteten Motorrad das Heck anhebt, federt es noch ein Stück weiter aus. Diesen Weg nennt man den Negativ-Federweg. Bei einer zu stark vorgespannten Feder kann der Negativ-Anteil Null sein, was wiederum zu Störungen im Betrieb führen kann – Stichwort: Stempeln des Hinterrades.

Mit der Druckstufe ist es ähnlich. Je höher diese eingestellt ist, umso schwerer lässt sich die Federung komprimieren.

Um die Federung zu justieren, sollte man ein paar verschiedene Einstellungen ausprobieren um so die korrekte Anpassung zu finden. Hierbei ist es praktisch, mit einem Meterstab die verschiedenen Zustände zu messen und zu notieren. Nur so kann man immer nachvollziehen, mit welcher Verände-

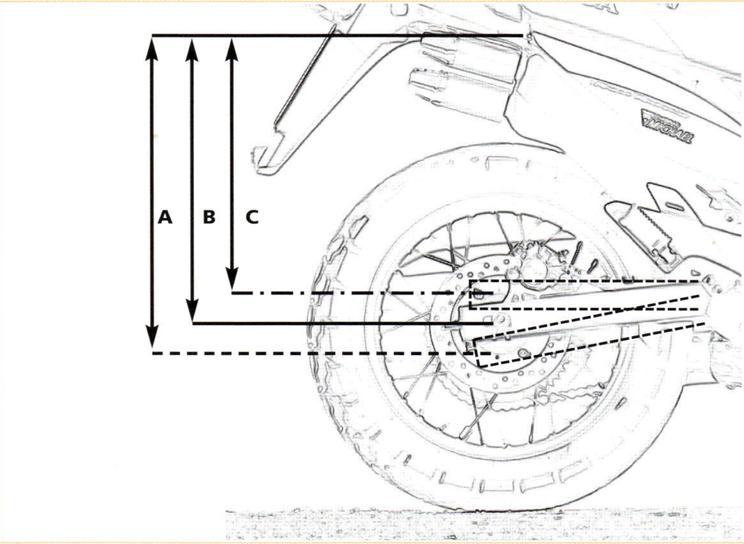

Der hintere Dämpfer lässt sich häufig in verschiedenen Abstufungen (A, B, C) einstellen. Die Messung mit dem Meterstab und das notieren der Werte gibt bei der Einstellung Aufschluss über die vorgenommenen Änderungen.

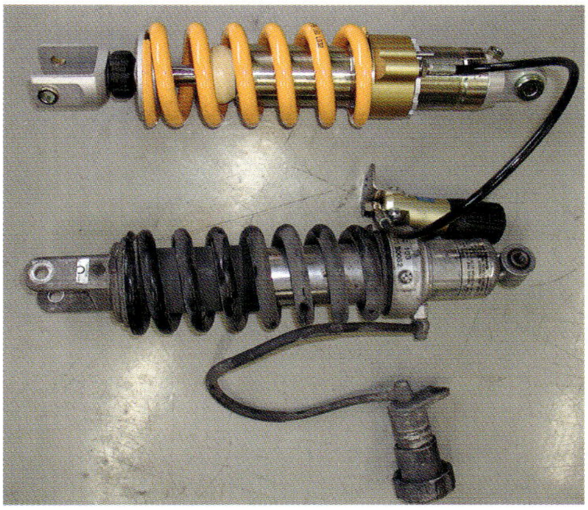

Oftmals ein vernachlässigtes Bauteil – das Federbein. Unten ein Originalteil mit 100.000 Km Laufleistung. Oben ein Neuteil mit zusätzlichen Verstellmöglichkeiten.

rung sich was geändert hat. Darum ist es auch sinnvoll, beim Ausprobieren immer nur eine Variable (nur Zugstufe, nur Druckstufe oder nur Federvorspannung) zu verändern. Die verschiedenen Einstellungen überprüft man vorne am besten mit einem Kabelbinder, der an dem Tauchrohr befestigt wird. Durch das Ein- und Ausfedern wird der Kabelbinder verschoben und dient als Markierung zum Messen.

Eine gute Grundeinstellung erhält man, wenn folgende Werte berücksichtigt werden. Die Parameter bedeuten dabei:

A Gesamtfederweg im entlasteten (aufgebockten) Zustand
B Einfederung ohne Fahrer und Gepäck
C Einfederung mit Fahrer und/oder Gepäck

Reifen und Reifendruck

Die richtige Wahl der Bereifung ist nicht gerade einfach. Der Hersteller gibt zwar die möglichen Größen vor, manchmal auch die zulässigen Modelle, doch welcher Hersteller und Typ für die eigenen Bedürfnisse optimal ist, kann niemand ohne es auszuprobieren sagen. Sicherlich sind einige grundsätzliche Eigenschaften von Reifen zu finden, doch Reifen

Ein geplatzter Reifen kann zu schweren Unfällen führen. Daher sollte stets darauf geachtet werden, die Mindestprofiltiefe von 1,6 Millimetern nicht zu unterschreiten.

verhalten sich auf jedem Motorradmodell anders. Am besten informiert man sich vor dem Kauf direkt beim Hersteller oder in Internet-Foren.

Wichtig ist, dass der Reifen von der Größe her passt, der Geschwindigkeits- und Beladungsindex stimmt und die Mindestprofiltiefe von 1,6 Millimetern nicht unterschritten wird, wobei man überlegen sollte, bereits bei 2,5 Millimetern den Reifen auszutauschen. Einseitig abgefahrene Reifen sollten schon vor Erreichen des Grenzwertes gewechselt werden.

Auch das Alter des Reifens ist von wichtiger Bedeutung. Das Herstellungsdatum kann man an der DOT-Nummer, welche seitlich auf dem Reifen steht, ablesen. Die letzten vier Zahlen geben die Herstellungswoche und das Produktionsjahr wieder.

Tipp
Reifenreparatur unterwegs

- Benötigtes Werkzeug
Je nachdem, ob es sich um schlauchlose Reifen handelt oder nicht, ist die Auswahl des Werkzeugs zu treffen. Kleinere Löcher sind bei schlauchlosen Reifen einfacher zu reparieren, weil das Rad nicht unbedingt ausgebaut werden muss, was bei einem Schlauchreifen nicht erspart bleibt.

Bei schlauchlosen Reifen benötigt man zur Reparatur kleiner Beschädigungen eine Ahle, Vulkanisierflüssigkeit, Gummistopfen, ein Messer, Befüllpatronen, mehrere Reifen-Montiereisen, Felgenschoner sowie Werkzeug, um die Räder aus und wieder einbauen zu können.

Für Schlauchreifen besteht das Reparatur-Equipment aus Reifenflicken, Vulkanisierflüssigkeit, einer Raspel oder Schleifpapier und Befüllpatronen.

- Reparieren von Schlauchreifen
Bei der Reparatur von Reifen mit Schlauch ist meist nur der Schlauch selbst betroffen. Deshalb ist es notwendig, den Schlauch aus dem Reifen heraus zu holen, was nur geht, wenn das Rad ausgebaut wird. Diese Aktion kann mitunter sehr aufwändig und anstrengend sein. Vor allem bei kleinen Raddurchmessern bis 17 Zoll und breiten Reifen sitzt der Reifen sehr fest auf der Felge. Mit den Montiereisen und Felgenschonern arbeitet man den Reifen von der Felge herunter, um an den Schlauch zu kommen. Der Schlauch wird klassisch wie beim Fahrrad mit Flicken repariert. Diese Reparatur ist sehr effektiv und dauerhaft.

- Reparieren von schlauchlosen Reifen
Hier fällt die Arbeit wesentlich leichter aus. Das Rad kann am Motorrad verbleiben und die Reparatur ist mit deutlich weniger Aufwand machbar. Mit einer Ahle befreit man das Loch im Reifen von der Ursache und bringt einen mit Vulkanisierflüssigkeit getränkten Stopfen in das Loch ein. Nach dem Trocknen wird der überstehende Rest einfach abgeschnitten. Anschließend kann der Reifen aufgepumpt werden und ist fahrbereit.

Alternativ kann zu den beschriebenen Methoden ein so genannter Reifenpilot verwendet werden. Das ist eine Sprühdose, die Dichtmittel in das Innere des Reifens sprüht. Kleine Löcher werden damit schnell verschlossen. Der Austausch des Reifens ist hierbei nach kurzer Zeit erforderlich.

Hinweis: Ein reparierter Reifen sollte nur mit mäßiger Geschwindigkeit und kurze Distanz gefahren werden. Die geflickte Stelle ist immer eine Schwachstelle die jederzeit wieder aufbrechen kann.

Beispiel: Auf eurem Reifen steht eingeprägt „XY 3505“ dann ist dieser Reifen in der 35-sten Woche des Jahres 2005 hergestellt worden.

Ein Reifen der älter als drei Jahre ist, weist eine nicht mehr so hohe Straßenhaftung auf wie ein neuer. Das kann im schlimmsten Fall zu einem Wegrutschen des Motorrades beim Kurvenfahren führen. Lohnt es sich, das zu riskieren?

Beim Luftdruck sollten die Angaben des Motorradherstellers befolgt werden. Nur der korrekte Luftdruck in den Reifen sichert optimale Haftung. Je nach Witterung und Beladung können die Werte allerdings stark differieren. Es ist deshalb nicht ganz leicht, stets den optimalen Reifendruck zu finden. Im Zweifelsfall bieten die Hersteller gerne ihre Hilfe an, den richtigen Wert zu ermitteln.

Ein automatischer Kettenöler kann die Lebensdauer einer Kette um das Dreifache verlängern.

Antrieb

Dieses Thema schätzen vor allem die Kardan- und Riemenfahrer, denn sie können sich hier entspannt zurücklehnen, wo sich die Kettenfahrer um eine gute Schmierung, Spannung und Kontrolle kümmern müssen. Die Kette unterliegt sehr hohen Belastungen, sie muss einiges an Widrigkeiten ertragen und bei Wind und Wetter zuverlässig ihren Dienst verrichten.

Deshalb ist es nötig, die Kette bei jeder Fahrt zu betrachten und gegebenenfalls zu pflegen. Als optimal haben sich in der Praxis automatische Kettenöler erwiesen. Hiermit spart man sich – durch die gleichmäßige und sparsame Schmierung – neben Schmiermitteln auch das Kettenmaterial selbst, denn dank dieser verlängert sich die Lebensdauer einer Kette erheblich.

Durch eine gute Pflege ist es möglich, einen Kettensatz durchaus drei mal so lange fahren zu können, wie bei einer stiefmütterlichen Pflege. Schmieren lohnt sich also, besonders nach einer Regenfahrt.

Beleuchtung

Sehen und gesehen werden – ist nur durch eine gute und benutzte Beleuchtung gewährleistet. In den Tagen, wo Automobilklubs, Hersteller und Nutzer über Dauerlichtregelungen für Pkw diskutieren, ist das Thema für uns Motorradfahrer längst vom Tisch. Die gesunkenen Unfallzahlen belegen in jedem Fall die Notwendigkeit.

Doch für die Pkw gilt das Gleiche, auch wenn einige der Meinung sind, dass dadurch kein Unterschied mehr zu einem Motorrad feststellbar wäre. Ist doch egal, ob ich ein Motorrad oder einen Pkw mit Licht entgegen kommen sehe, aufpassen muss ich sowieso.

Nachdem wir unser Licht im Straßenverkehr immer einschalten müssen um besser gesehen zu werden, sollten wir auch darauf achten, dass es funktioniert und richtig eingestellt ist. Besonders bei Anbaubeleuchtungen wie zum Beispiel Nebelscheinwerfern oder bei Austauschleuchtmitteln, die eine bessere Ausleuchtung versprechen, ist Vorsicht geboten. Verwendet bitte nur zugelassene Teile.

Sinnvolle zusätzliche Ausstattungen am Motorrad

Es gibt wirklich viele Dinge, die das Motorradfahren angenehmer und auch sicherer machen. Der Sinn und Nutzen dieser zusätzlichen Ausrüstungen hängt stark von der Art des Fahrens ab – wird bei jedem Wetter gefahren? Wie hoch ist die Jahreskilometerleistung? Wird überwiegend alleine oder mit Sozius oder in einer Gruppe gefahren? Hier sind die wichtigsten und nützlichsten Zusatzelemente in der Übersicht:

Für Vielfahrer
- Griffheizung (z. B. CLS Heat)
- Heizweste (z. B. BMW Heizweste)
- Automatischer Kettenöler (z. B. Scottoiler oder CLS 200)
- hochwertiges Koffersystem (z. B. Givi)
- Navigationssystem (z. B. TomTom Rider)
- Regenkombi
- Windschild
- Zweites Paar Handschuhe

Für Sozius-und Gruppenfahrer
- Kommunikationssystem (z. B. Baehr oder AKE)

Allgemeine Zusatzausstattungen
- vernünftiges Bordwerkzeug
- Verbandspäckchen
- Ersatzteile für Unterwegs (Zündkerzen, Reifenreparaturset)

Allgemeiner Zustand des Fahrzeugs

Klar, mit der Zeit wird ein Motorrad meistens nicht schöner. Hier und da bekommt es Gebrauchsspuren, kleinere Schrammen oder Altersflecken (Rost). Durch regelmäßige Pflege kann man das Altern lange hinauszögern. Andererseits durch keine Pflege und womöglich mit Überwinterungen am Straßenrand drastisch verkürzen. Motorräder sind da sehr empfindlich. Weil das Fahrzeug sehr offen ist, kommen Verschmutzung, Salz und Regen auch fast überall hin. Gründlichkeit ist daher bei der Pflege angesagt, um die Funktion sicher zu stellen.

Der Allgemeinzustand sollte immer gut sein, das Motorrad ansehnlich und zumindest ab und zu sauber sein. Thema Hochdruckreiniger: Den braucht kein Motorradfahrer, er unterstützt nur die Bequemlichkeit, schadet aber dem Motorrad. Der harte Strahl von Hochdruckreinigern kann Finger von der Hand abtrennen, also ist er sicher auch fürs Motorrad mit seinen vielen empfindlichen Dichtungen nicht geeignet. Mittlerweile gibt es sehr gute Trockenreiniger, die wesentlich effektiver und schneller arbeiten. Probiert es mal mit einem Pflegespray für Kunststoffe aus dem Zubehörladen (zum Beispiel Polo) und einem einfachen Lappen. Auch wenn Kunststoffpfleger drauf steht, ist er auf allen anderen Materialien sehr wirksam. Der grobe Schmutz kann zuvor mit einem Wasserstrahl bei nicht zu hohem Wasserdruck entfernt werden.

Schutzkleidung auf Funktion und Vollständigkeit prüfen

Der schon erwähnte Rückgang der Unfallzahlen ist durch weitere Faktoren begründet. Das liegt auch an der immer besser werdenden Schutzbekleidung. Als Mindestausstattung mit geprüften Protektoren und aus hochstrapazierfähigen Materialien sind Jacken, Hosen, Handschuhe, Helme, Stiefel oder Kombis auch preiswert zu haben.

Beim Kauf sind einige Parameter zu berücksichtigen. Hier werden oft Fehler gemacht. Meist

In Sekundenbruchteilen bläst sich ein Airbag in der Jacke auf um Rücken und Genick des Trägers zu schützen.

werden die Kleidungsstücke viel zu groß gekauft. Motorradkleidung hat nichts mit bequemen Freizeitklamotten zu tun, sondern ist eine funktionelle Schutzkleidung. Wenn die Kleidung zu groß gekauft wird, ist es sehr wahrscheinlich, dass bei einem Sturz die Protektoren nicht mehr da sitzen, wo sie hin gehören. Motorradbekleidung sollte daher eng anliegen und dennoch die Bewegungsfreiheit nicht einschränken. Außerdem sollte bei der Anprobe unbedingt darauf geachtet werden, dass unter der Jacke oder Kombi noch ein Rückenprotektor getragen werden kann.

Einige Hersteller bieten noch zusätzliche Sicherheitseinrichtungen wie beispielsweise einen Airbag an. Der bläst sich bei einem Sturz auf und trägt dazu bei, vor schweren Verletzungen zu schützen.

Für jedes Wetter gibt es die passende Kleidung. Da das Fahren auch bei Regen Spaß machen kann, gibt es wasserdichte Motorradbekleidung. Hierfür empfiehlt es sich, eine Regenkombi dabei zu haben, welche nicht nur als zusätzlicher Schutz vor Regen sondern auch vor Kälte und Schmutz geeignet ist.

Je nach Einsatzzweck kann die Motorradbekleidung variieren. Hier eine Ausrüstung für das Endurofahren.

Anpassen der Maschine an den Fahrer

Es ist kaum zu glauben, was man an einem Motorrad alles verstellen kann, um es an die eigene Anatomie anzupassen. Bei den meisten Maschinen lässt sich der Lenker nach vorne (höher) oder hinten (tiefer) neigen. Aufpassen, dass er nicht am Tank anstößt, wenn er nach hinten geneigt wird. Besonders beim Lenken ist hierauf zu achten.

Der Lenker sollte so eingestellt sein, dass man seine Hände bequem anlegen kann. Grundsätzlich gilt: lieber etwas nach vorn geneigt (höher) einstellen. Bei gekröpften Lenkerenden wirkt sich die Stellung des Lenkers auch auf die Haltung der Arme aus.

Tipp

Lenker und Lenkererhöhungen

Lenker sind in vielfältigen Varianten zu haben. Der Zubehörhandel bietet Lenker in Stahl oder Aluminium an. Preislich sind die Stahllenker klar im Vorteil, in Sachen Stabilität und Haltbarkeit aber die aus Aluminium.

Welche Vorteile bringt ein Austauschlenker? Durch die Form des Lenkers greift die Hand in unterschiedlichsten Winkeln an den Lenker. Je nach Körpergröße und Statur kann damit eine optimale und möglichst bequeme Sitzhaltung erreicht werden. Wenn der Winkel nicht passt, können Beschwerden in den Handgelenken und Schultern auftreten.

Um einen Austauschlenker zu benutzen, muss zunächst eine Allgemeine Betriebserlaubnis vorliegen. Ohne die würde der Versicherungsschutz bei Verwendung des Lenkers sofort erlöschen. Wenn die Betriebserlaubnis vorliegt und der Lenker legal montiert werden kann, muss überprüft werden welche Maßnahmen oder Einschränkungen bei der Montage zu beachten sind. Einige Lenker platzieren die Bedienelemente etwas weiter vom Lenkkopf weg als der Originale. Dann kann es sein, dass die Leitungslängen zu den Armaturen nicht mehr lang genug sind oder auf Zug belastet würden. Das darf natürlich nicht passieren. Außerdem muss überprüft werden, ob die Griffe auf den neuen Lenker passen. Vor allem der Gasgriff muss auch nach der Montage leichtgängig sein und sich selbständig in die Ausgangsposition zurückdrehen können.

Neben dem eigentlichen Lenker können Lenkererhöhungen bzw. höhere Lenkerklemmungen eingesetzt werden. Diese Erhöhungen werden zwischen die obere Gabelbrücke und den Lenker eingebaut. Sinn des Ganzen ist das Höherlegen der Lenkerstange, um eine aufrechtere Sitzposition zu schaffen. Bei manchen Erhöhungen besteht zudem die Möglichkeit, den Lenker näher an sich heran oder weiter weg zu bringen.

Die Kombination Austauschlenker mit einer Lenkererhöhung bietet die Möglichkeit, die Sitzposition effektiv an die eigenen Bedürfnisse anzupassen.

Wenn der Lenker höher ist, wandern automatisch auch die Ellbogen nach außen und oben. So kann man wesentlich besser und entspannter Lenken. Die beiden Skizzen auf S. 21 verdeutlichen nochmals den Unterschied.

Leider besteht nicht bei allen Motorrädern die Möglichkeit zum Verstellen des Lenkers. Bei solchen Modellen solltet ihr euch einmal erkundigen, ob es eventuell um Zubehörbereich einen passenden Austauschlenker gibt, den man verstellen kann. Allein die Veränderung der Neigung des Lenkers bringt schon viel.

Eine weitere sinnvolle Maßnahme kann die Erhöhung eines Lenkers sein. Durch Distanzstücke in der Lenkerklemmung wird der ganze Lenker in eine andere Position gebracht, was die gesamte Haltung auf dem Motorrad beeinflusst. Für viele Modelle gibt es zahlreiche Varianten der Lenkererhöhung. Wichtig ist dabei, zu beachten, dass die Erhöhung eine Betriebserlaubnis nicht löscht und dass sämtliche Leitungen und Kabel nicht zu straff werden oder der Lenkeinschlag beeinflusst wird.

Die Verwendung einer Lenkererhöhung wirkt sich meist wesentlich positiver auf das Gesamtsystem aus, als man vermutet. Durch eine aufrechtere Position wird der Rücken entlastet, das Fahren an sich entspannter und das Fahrverhalten des Motorrades in der Regel wendiger und besser kontrollierbar. Eine kleine Investition mit viel Wirkung. Zum Thema Rückenschule auf dem Motorrad hat sich die

Firma Wunderlich zusammen mit Dieter Messingschlager intensiv beschäftigt und Optimierungslösungen für das Motorrad entwickelt.

Neben dem Lenker sollten die Fußhebel eingestellt werden. Beim entspannten Sitzen dürfen die Hebel nicht zwischen Motorrad und Stiefel sein, sondern unter oder über den Stiefeln. Das vermeidet ungewollte Betätigungen der Hebel während der Fahrt.

Auch die Handhebel sollten auf jeden Fahrer abgestimmt sein. Oft sind die über Drehschrauben justierbar. Nicht jeder hat gleich lange Finger und so ist es nur logisch, dass der Brems- und Kupplungshebel nicht immer in der gleichen Entfernung zum Lenker sein kann. Bei ausgestreckten Fingern sollte man die Hebel mit den vordersten Fingergelenken erreichen können.

Das zum Einstellen wohl bedeutendste Teil ist, sofern es hier möglich ist, die Sitzbank. Sie entscheidet darüber, wie weit die Beine nach unten zum Boden gelangen. Wenn die Sitzbank zu hoch ist, kann der Kontakt zum Untergrund eventuell nicht gut genug sein – Unsicherheit macht sich breit. Meist sind Motorradfahrerinnen von diesem Problem betroffen. Da hilft nur, die Sitzbank wenn möglich so tief es geht einstellen oder abpolstern lassen. Wenn alle Stricke reißen, ist vielleicht über einen Modellwechsel nachzudenken.

Das eigene Befinden

Nicht nur unser Motorrad sollte in einem guten Zustand sein, auch wir selbst. Gemeint ist das Wohlbefinden und die eigene Fitness. Wie beim Sport, können wir auch auf dem Motorrad nur dann optimal reagieren, wenn es uns gut geht. Eine Erkältung oder selbst ein Frieren setzt die Reaktionsfähigkeit herab. Im Gegensatz zum Pkw haben geistige, see-

Der Lenker ist hier zu niedrig und so wandern die Ellbogen automatisch nach innen und unten (vgl. S. 18).

Bei höherem Lenker wird der Hebelarm vergrößert und der Kraftaufwand beim Lenken kleiner.

lische oder körperliche Schwächen auf dem Motorrad eine größere Auswirkung. Das Motorrad muss ständig beherrscht werden, beim Pkw ist das Fahren wesentlich passiver. Die Verlängerung der Reaktionszeit verlängert auch den Bremsweg, also nicht fahren, wenn ihr euch nicht fit fühlt.

Auch seelische Belastungen oder Stress schaden beim Motorradfahren. Zu starke Emotionen können uns verleiten Dinge zu tun, die wir unter normalen Umständen nie tun würden. Thema: Aggression. Wer genervt aufs Motorrad steigt, sollte den Zündschlüssel erst gar nicht umdrehen – das Motorrad ist nicht zum Abreagieren da, ihr schadet damit nicht nur euch selbst schaden, sondern anderen.

Fitness hilft auch auf dem Motorrad

Die Erfahrungen aus dem Motorradsport zeigen deutlich, dass die Unfallgefahr drastisch steigt, wenn die Verausgabung des Fahrers die vorhandene Kondition übersteigt. Folgen sind zum Beispiel, die 15te schöne Kurve nicht mehr richtig zu Fahren und aus der selbigen getragen zu werden (die Blickführung lässt nach). Die Konzentration steht direkt in Abhängigkeit zur vorhandenen Kondition.

KONDITION = KONZENTRATION

Falsch! Am Körper anliegende und hängende Ellenbogen können kaum Kraft zum Lenker übertragen, falls das notwendig ist.

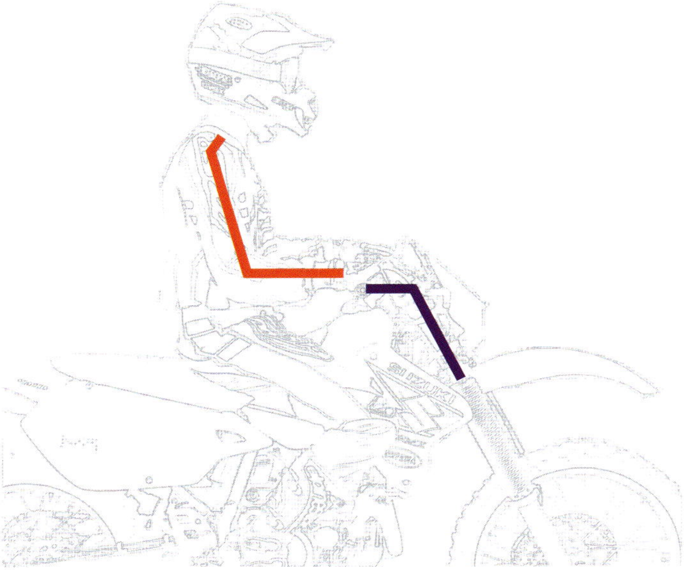

Richtig! Schulter, Ellenbogen Handgelenk und Lenkergriff befinden sich in einer Linie. So können Kräfte optimal und sehr schnell übertragen werden. Profis fahren immer so.

Tipp

Bequemlichkeit verbessern

Eine sehr gute Möglichkeit, das Motorrad an sich anzupassen, ist das Umpolstern der Sitzbank. Dabei kann die Sitzfläche einige Zentimeter niedriger oder höher gebracht werden. Eine Änderung des Neigungswinkels sowie der Rutschfestigkeit durch einen anderen Sitzbezug ist auch machbar.

Die Abpolsterung der Sitzbank kann mit etwas Geschick sogar selbst durchgeführt werden. Auch ein Umpolstern ist mit relativ einfachen Mitteln umsetzbar. Bei der Wahl des Schaumstoffes sollte aber darauf geachtet werden, dass das spezifische Gewicht nicht zu niedrig ist. Ein weicher Schaumstoff fühlt sich zwar im ersten Moment bequem an, nach einer Weile treten jedoch unter Umständen Schmerzen beim Sitzen auf. Das liegt daran, dass der Schaumstoff durch das Körpergewicht und die Erschütterungen während der Fahrt immer mehr komprimiert wird.

Wenn der Schaumstoff zu weich ist, kann sich dieser sogar so stark komprimieren lassen, dass der Fahrer ungedämpft auf der Sitzbank-Karkasse sitzt. Besser ist es, einen harten Schaumstoff zu verwenden, der sich nicht so leicht zusammendrücken lässt. Der fühlt sich im ersten Moment zwar sicher nicht so bequem an wie sein weicheres Pendant, bei längeren Fahrten zahlt es sich jedoch aus.

Das Umpolstern der Sitzbank kann in der Regel jeder versierte Sattler übernehmen. An Kosten für diese Arbeit sollte man etwa 100 bis 200 Euro einplanen. Mit dem Umpolstern kann sich vor allem für kleinere Fahrerinnen und Fahrer die Palette der passen Motorradmodelle erweitern. Doch die Sitzhöhe ist nicht das einzige was kleinen Personen zu schaffen macht. Wenn die Sitzbank zu breit ist, müssen die Beine weiter gespreizt werden und erreichen dadurch schwieriger den Untergrund. Es kommt also nicht nur auf die Sitzhöhe allein an, sondern auch auf die Breite der Sitzbank, die sich durch Umpolstern ebenfalls variieren lässt.

Reisetauglichkeit verbessern durch Zusatzanbauten

Für größere Reisen gibt es verschiedene Dinge, die das Fahren angenehmer machen. Eine Fahrt auf dem Motorrad von mehreren Hundert Kilometern kann stark an die Substanz gehen. Der Fahrer muss permanent irgendwas machen und sich dabei voll konzentrieren.

Auf langen Autobahnfahrten erleichtert ein so genannter Throttle Rocker die Arbeit der rechten Hand. Mit dem kleinen Kunststoff-Flügel, der einfach auf den Gasgriff gesteckt wird, muss der Griff nicht mehr mit der ganzen Hand angepackt werden. Das Auflegen der Hand genügt, um die Gasgriffstellung über längere Zeit konstant zu halten. Stundenlange Autobahnfahrten lassen sich so wesentlich entspannter bewältigen.

Ein nachträglich angebrachter Windschild nimmt den Druck während der Fahrt vom Oberkörper des Fahrers. Außerdem hält es Insekten und Regen fern. Es gibt solche Schilde in verschiedenen Größen und speziell für unterschiedliche Motorradmodelle. Auch hier ist eine Betriebserlaubnis notwendig, sonst erlischt die Zulassung des Motorrades.

Das Problem dabei ist, dass die meisten erschöpften Fahrerinnen und Fahrer es nicht merken, wenn sie eine Pause einlegen sollten. Winzige Anzeichen einer Ermüdung oder schwachen Konzentration solltet ihr sofort beachten. Eine kleine Pause in kürzeren Abständen ist besser als eine längere Pause in sehr großen Abständen. Auch das Trinken wird viel zu häufig vergessen.

Neben dem Motorradfahren selbst hält man sich am besten durch Fahrradfahren fit. Das trainiert den Gleichgewichtssinn und die Motorik des eigenen Körpers. Im Winter machen auch Trainings mit Supermotos in einer Halle Sinn. So bleibt man ständig aktiv und mit dem Motorrad vertraut. Besteht diese Möglichkeit nicht, solltet ihr verschiedene Grundübungen zum Saisonbeginn auf einer abgesperrten Fläche üben.

Fahren in der Gruppe

Im Gegensatz zum Fahren alleine ist das Fahren in einer Gruppe mehrerer Motorräder nicht völlig kontrollierbar, da mehrere am Geschehen teilnehmen. Deshalb ist es beim Fahren in der Gruppe sehr wichtig, vor der Fahrt bestimmte Verhaltensweisen zu vereinbaren und zu regeln.

Grundsätzlich solltet ihr in einer Gruppe seitlich leicht versetzt, stets hintereinander fahren und das Überholen innerhalb der Gruppe vermeiden. Die Gruppe ist also eher eine Kette. Eine Zusammenfahrt mit mehr als acht Motorrädern ist schwierig und erfordert Geschick von allen Mitfahrern.

Zu Beginn sollte eine Einteilung vorgenommen werden, wer an welcher Stelle der Gruppe fährt. Durch verschiedene Faktoren ist es nämlich so, dass die vorderen Positionen wesentlich entspannter und mit gleichmäßigem Tempo gefahren werden können, während die letzten Positionen öfter in die Situation kommen, etwas zurück zu fallen und dies durch höhere Geschwindigkeiten aufholen müssen. Aus dem Grund sollten die guten und schnellen Fahrerinnen und Fahrer immer am Ende einer Gruppe fahren, die langsamen möglichst weit vorne.

Dieser Fußbremshebel ist zu hoch.

Mit wenigen Handgriffen ist der Hebel in der richtigen Stellung.

Jeder Motorradfahrer sollte das nachfolgende Motorrad immer wieder über den Rückspiegel im Auge behalten. Wenn der Hintermann plötzlich nicht mehr im Rückspiegel zu sehen ist, einfach das Gas reduzieren, abwarten und im Bedarfsfall anhalten oder zurückfahren. So bleibt die Gruppe immer zusammen.

Wenn ein Problem auftritt und die anderen darüber informiert werden sollen, gibt es unterschiedliche Möglichkeiten. Hupen ist dabei nicht einmal die Beste, denn durch die vielen Nebengeräusche ist sie schlecht wahrnehmbar. Besser ist es, sofern es am jeweiligen Modell noch geht, das Abblendlicht auszuschalten. So erkennt der Vordermann sofort, dass etwas nicht stimmt und kann das Anhalten einleiten. Zusätzliches Blinken verbessert die Signalwirkung. Wenn das Abblendlicht nicht ausgeschaltet werden kann, informiert man die anderen am besten durch Blinken und Betätigen der Lichthupe.

Ein kleiner Appell

Die so genannte Freiheit, mit einem Motorrad zu fahren, ist in den vergangenen Jahren durch den immens angewachsenen Straßenverkehr lange nicht mehr in der Form vorhanden, wie es einst in den 70er- oder 80er-Jahren einmal war. Darum suchen viele Motorradfahrer in entlegenen Gegenden und Ländern, in denen die Verkehrslage noch wesentlich entspannter ist, diese Freiheit. Leider sind darunter immer einige, welche nicht über einen entsprechenden Respekt oder einfach nur Rücksichtnahme gegenüber Land und Bevölkerung verfügen, sondern auf egoistische Weise ihr Vergnügen ausleben. Diese Motorradfahrer sind schuld daran, dass auch in den entlegensten Gegenden immer mehr Strecken für Motorradfahrer gesperrt werden.

Fahrt bitte grundsätzlich rücksichtsvoll und respektiert die Vorschriften. Nehmt Kontakt zu den Leuten auf und donnert nicht einfach an ihnen vorbei. Die Freiheit, überall hinfahren zu können, wird durch unrühmliches Verhalten immer mehr eingeschränkt.

Defensive Fahrweise und visueller Kontakt helfen dabei, in fremden Gegenden als Motorradfahrer akzeptiert zu werden. Nehmt Rücksicht auf Menschen, Tiere und Hinweise und respektiert eventuelle Durchfahrverbote.

Grundhaltung

Fahren auf der Straße

Bedenkt, dass die meisten anderen Verkehrsteilnehmer noch nie selbst ein Motorrad gefahren haben und unser Verhalten nicht richtig einschätzen können. Wir müssen hier die Denkarbeit und Initiative übernehmen, da wir uns meistens in beide Situationen versetzen können. Initiative übernehmen heißt aber nicht, dass die anderen Rücksicht zu nehmen haben – im Gegenteil. In unklaren Situationen wo sich ein anderer Verkehrsteilnehmer möglicherweise falsch verhält, solltet ihr das nicht als Fehler oder Provokation werten, sie wissen es halt nicht besser. Defensives Verhalten ist die beste Lösung und wird mit Herstellen des Blickkontaktes intensiviert. Manchmal ist es auch angebracht, den anderen auf sein Fehlverhalten hinzuweisen, das aber bitte sachlich. Bedenkt: Wir gehören auf unserem Motorrad eindeutig zu den schwächeren Teilnehmern am Straßenverkehr, sowohl sicherheitstechnisch als auch was die Akzeptanz seitens der anderen angeht. Das soll bitte nicht als Belehrung oder Moralpredigt verstanden werden, sondern als gut gemeinter Rat.

Rücksicht nehmen

Da unser Motorrad viel wendiger ist und stärker beschleunigt, sind wir oft verleitet das auszuspielen – auch auf Kosten anderer. Das muss nicht sein. Auch wenn ein voraus fahrender Pkw uns bremst oder langweilt, müssen wir einen kühlen Kopf bewahren und nachsichtig sein. Wie schon gesagt, viele wissen überhaupt nicht, dass sie etwas falsch machen. Jeder vierte aus der Bevölkerung ist bereits Rentner und hat den Führerschein in grauen Vorzeiten gemacht, sieht und reagiert nicht mehr so gut und ist oftmals mit dem heutigen Verkehrsaufkommen überfordert. Daran können wir nichts ändern, sondern müssen das akzeptieren und uns entsprechend verhalten.

Grundhaltung

Die richtige Haltung auf dem Motorrad

(wichtig für ermüdungsfreies Fahren, optimale Bewegungsfreiheit und die perfekte Kontrolle des Motorrads)

Es ist wie bei einer Jeans, nicht jedes Motorrad passt einem. Unsere Körpergröße muss zum Motorrad passen. Das steht möglicherweise im Widerspruch zu den eigenen Wünschen, denn das Objekt der Begierde ist in den wenigsten Fällen maßgeschneidert. Klar ist, dass ihr mit einem schicken Motorrad unterwegs sein wollt, es sollte jedoch auch zu euch passen. Ihr solltet euch vor der Anschaffung eines Motorrades überwinden, auch einmal andere Modelle zu begutachten.

Warum ist denn das so wichtig? Das Motorrad ist mit einem Arbeitsplatz vergleichbar. Ihr bedient verschiedene Instrumente und Hebel um damit etwas zu verändern. Konzentration und Präzision sind hier die Grundlage für das Gelingen. Damit ihr euch voll konzentrieren könnt, müsst ihr locker und entspannt auf dem Motorrad sitzen. Hier spielen mehrere Faktoren eine beeinflussende Rolle – die man insgesamt als Ergonomie bezeichnet. Diese wird bei den Herstellern unterschiedlich priorisiert.

Zu diesem Thema bestehen einige wissenschaftliche Untersuchungen mit immer dem gleichen Ergebnis: Wenn die Ergonomie nicht stimmt, leiden

Konzentration, Aufmerksamkeit und Ausdauer, was wiederum zu Bedienungsfehlern führen kann.

Ein Motorrad mit guten ergonomischen Eigenschaften lässt sich in der Regel an den eigenen Körper anpassen. Ideal sind Modelle, bei denen sich Lenker, Sitzbank, Windschild und Fußrasten verstellen lassen. Eine gute Haltung auf dem Motorrad ist eine möglichst aufrechte Position. Im Extremfall kann eine zu weit nach vorn geneigte Haltung, welche meist bei Supersportlern anzutreffen ist, körperliche Beschwerden durch erhöhten Druck auf die inneren Organe verursachen – ein klares Anzeichen, dass dieses Motorrad nicht zu einem passt. Eine längere Ausfahrt von mehreren Stunden darf keine körperlichen Überanstrengungen verursachen.

Manchmal liegt es nicht nur am Motorrad, sondern auch an der Fahrerausstattung. Ein zu schwerer Helm ist möglicherweise schuld an Verspannungen und Nackenschmerzen. Ein Helm mit einem Gewicht von mehr als 1500 Gramm ist hierbei als schwer zu bezeichnen. Eine Küchenwaage zeigt schnell an, dass die Herstellerangaben oft zu niedrig ausfallen. Außerdem wird ein Helm im Laufe der Zeit schwerer. Ursache sind Schweiß und Schmutz, welche in das Innenposter eindringen und dort verbleiben.

Ein Instruktor erklärt die komplexen Zusammenhänge zwischen der Gewichtsverlagerung auf den Fußrasten und dem Bewegen des Lenkers.

Typische Haltungsfehler, deren Ursachen und mögliche Konsequenzen

Auch wenn ihr euer Motorrad soweit eingestellt habt, dass es zu euch passt, könnt ihr Fehler machen. Diese Fehler merkt ihr oft nicht, denn sie werden unbewusst gemacht. Beobachtet euch selbst auf dem Motorrad, wenn es kalt ist. Ihr werdet merken, dass eure Schultern immer wieder nach oben wandern. Ständig nach oben gezogene Schultern führen zu Verspannungen und Schmerzen. Ich ertappe mich immer wieder dabei und muss mich dann regelmäßig zwingen, die Schultern unten zu lassen.

Ein viel schlimmerer Fehler ist das Festhalten am Lenker. Vielleicht denkt ihr nun: „Wofür ist der Lenker denn sonst da"? Der Lenker ist in erster Linie dazu da, die Hebel und Schalter möglichst gut erreichbar zu positionieren um das Fahrzeug zu kontrollieren. Nein, nicht steuern, sondern tatsächlich kontrollieren, denn das Lenken an sich sollte auf eine andere Art erfolgen, doch dazu nachher mehr. Durch ständiges Festhalten am Lenker ermüden vor allem die Unterarme schnell. Vibrationen des Lenkers werden stärker aufgenommen und können zu Taubheitsgefühlen führen.

Lenker bedienen, nicht daran festhalten

Der Lenker ist der ideale Indikator dafür, ob man das Motorrad auch richtig bedient. Zwar sind an ihm Griffe montiert, aber festhalten solltet ihr euch nicht daran. Mit Festhalten meine ich Kräfte auf den Lenker übertragen. Ihr solltet jederzeit die Hände vom Lenker nehmen können, ohne dass das Motorrad darauf reagiert. Vielleicht fragt ihr euch jetzt: „Und wie soll ich dann lenken?" Die Antwort lautet: „Mit dem ganzen Körper."

Die Sache scheint komplex zu sein, ist aber durchaus lösbar. Aber fangen wir mal ganz von vorne an.

Was passiert eigentlich beim Lenken? Abhängig vom Tempo ist das Vorderrad mehr oder weniger zur Motorrad-Längsachse verdreht und gibt die neue Richtung vor. Besonders bei niedrigen Geschwindigkeiten ist das gut zu sehen. Weil aber das Motorrad sich gerade bei diesen niedrigen Geschwindigkeiten instabil verhält, müssen wir es wie beim Fahrradfahren ausbalancieren. Wenn ihr euch dabei mal selbst beobachtet, werdet ihr erkennen, dass ihr mehr macht, als nur den Lenker zu bewegen. Ihr drückt seitlich mit den Knien an den Tank, bewegt Hüfte und Oberkörper und fangt die Kippbewegungen des Bikes mit Gewichtsverlagerung auf – da habt ihr ganz schön viel zu tun.

Die beiden folgenden Abschnitte zeigen euch einen Weg zum möglichst kraftsparenden Motorradfahren.

Bei diesem kleinen Motorrad sieht man es deutlich: Wenn der Fahrer nun die rechte Fußraste mehr belastet, wird sich das Motorrad aufrichten und nach rechts einlenken.

Die Füße lenken mit

Nein, ich bin jetzt noch nicht total übergeschnappt. Es ist wirklich so, die Füße lenken mit. Probiert es am besten selbst aus. Setzt euch auf euer Motorrad und fahrt in Schrittgeschwindigkeit geradeaus. Nun geht ihr in den Stand und stellt euch locker und mit ganz leicht gebeugten Knien auf die Fußrasten. Der Oberkörper sollte dabei gerade und leicht nach vorne geneigt sein, aber nur soweit, dass ihr jederzeit den Lenker loslassen könntet ohne nach vorne zu fallen. Jetzt ein paar Meter so fahren und dabei im Wechsel das Aufstehen und Hinsetzen wiederholen, bis ihr mit dieser Situation vertraut seid. Wenn ihr nun im Stand fahrt und eine der beiden Fußrasten durch Gewichtsverlagerung mehr belastet passiert etwas: Das Motorrad will in die Richtung, auf welcher Raste ihr mehr Druck ausgeübt habt. Das ist so, weil ihr damit den Gesamtschwerpunkt von Motorrad und euch selbst neben die Längsachse des Motorrades verlagert. Wenn ihr nun die andere Raste mehr belastet werdet ihr sehen, dass das kein Zufall war, sondern das Motorrad nun auch auf diese Seite möchte.

Wenn ihr bei diesem Manöver die Hüfte nach außen dreht ist der Effekt noch wirkungsvoller. Die Arme sollten nicht ganz gestreckt sein, um die Gelenke zu schonen. Denkt aber immer daran und

Das Motorrad fährt links und kann durch verstärkten Druck auf die rechte Raste in die andere Richtung dirigiert werden, ohne dass am Lenker gezogen werden muss.

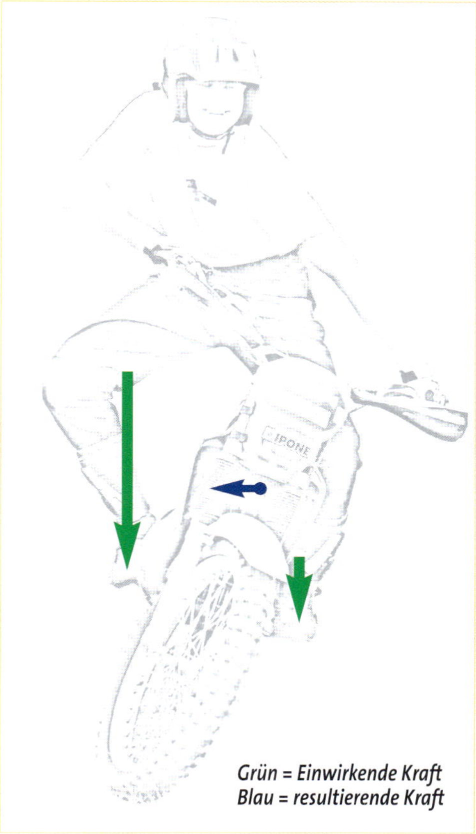

Schön ist hier zu erkennen, wie der Schwerpunkt des Fahrers nach außen und weg von der Längsachse des Motorrades wandert.

Auch sitzend helfen die Beine beim Lenken mit.

versucht keine Kraft auf den Lenker auszuüben. Im Notfall, bevor das Motorrad umkippt, könnt ihr natürlich durch einen beherzten Zug an den Griffen das Motorrad schnell wieder nach oben bringen. Auch hierbei zusätzlich Druck auf die höher liegende Raste ausüben.

Klar ist, dass ihr im Stehen mehr Einfluss auf das Lenkverhalten habt, doch auch im Sitzen ist es möglich, Druck auf die Rasten zu verteilen.

Um im Sitzen noch besser auf das Motorrad einwirken zu können, müsst ihr mit dem so genannten Knieschluss arbeiten.

Knieschluss

Das bedeutet, dass ihr eure Knie am Tank anliegen lasst und über die Hüfte mit dem Knie gegen das Motorrad drückt. Hierbei verschiebt ihr wieder den Gesamtschwerpunkt weg von der Längsachse und leitet somit eine Richtungsänderung ein.

Deutlich wird dieser Effekt oberhalb der Schrittgeschwindigkeit. Versucht einmal bei höherer Geschwindigkeit bis etwa 50 km/h, leichten Druck mit einem Knie zu machen. Ihr drückt so das Motorrad in die Richtung, in die es fahren soll. Weil die Oberschenkelmuskulatur zu unserer stärksten gehört, genügt es, leichten Druck auszuüben.

Wird zusätzlich die gegenüberliegende Raste mehr belastet, fällt es noch leichter, das Motorrad in die gewünschte Richtung zu dirigieren. Wenn ihr euren Oberkörper aufrecht haltet, werdet ihr erkennen, dass ihr den Lenker zum Lenken eigentlich nicht mehr benötigt. Lasst die Hände ohne Druck und entspannt an den Griffen und spürt, wie ihr das Motorrad mit den Beinen lenkt. Diese Technik eignet sich übrigens ganz hervorragend in den Alpen mit ihren zahllosen Kehren.

Vielleicht sagt ihr nun: „Toll, funktioniert! Aber wozu das Ganze?“ Die Antwort ist ganz einfach: Ihr könnt die Arme im Notfall effektiver einsetzen, fahrt insgesamt entspannter und könnt euch auf andere Dinge konzentrieren, zum Beispiel auf die vor euch liegende Strecke.

Blickführung und Strecke lesen

Warum ist die Blickführung so wichtig? Sie entscheidet oft über das Geschehen. Es ist quasi ein Blick in die Zukunft. Man will an einen bestimmten Punkt gelangen und schaut sich die Strecke dorthin vorher genau an, um den Weg zu planen. Die Planung kostet je nach Erfahrung und Können mehr oder weniger Zeit. Diese Zeit ist kostbar, denn sie fehlt uns für andere zu überdenkende Dinge.

Je schneller wir uns im Klaren sind, wie wir die Strecke fahren wollen, umso mehr Zeit bleibt, eventuelle Schwierigkeiten zu erfassen und zu berücksichtigen. Außerdem sind wir dann entspannter unterwegs und können mehr Zeit fürs Konzentrieren oder Genießen verwenden.

Beobachtung des Straßenbelags

Auf unserem Weg treffen wir immer wieder auf Störungen. Diese Probleme sind statisch und gut einschätzbar. Wir sollten unseren Blick permanent vorauseilen lassen um den geplanten Weg laufend abzuscannen. Auftauchende Ölflecken, Sand oder Kies auf der Straße, Schlaglöcher Schmutz oder Nässe beeinflussen unser Motorrad beim Überfahren und können zum Sturz führen. Darum sollten wir diese umfahren.

Saisonal und wetterbedingt treten manche Störfaktoren verstärkt auf und man sollte schon vor dem Start daran denken. Zu gewissen Zeiten, die sich regelmäßig wiederholen, muss vermehrt mit landwirtschaftlichem Verkehr und der damit verbunden Fahrbahnverschmutzung gerechnet werden, in Waldgebieten kreuzen Tiere die Fahrbahn und und und. Wir alle kennen das, denken aber vielleicht nicht immer daran, dass wir mit dem Motorrad dadurch ganz andere Probleme bekommen können als mit einem Pkw.

Mit dem Blick voraus immer auf alles gefasst

Beobachtung des Verkehrs und der nächsten Verkehrsteilnehmer

Hier kommen wir zu den dynamischen Problemen. Sie sind oft nicht klar einzuschätzen, erfordern viel Aufmerksamkeit und kosten Bedenkzeit. Die Schwierigkeit, diese dynamischen Probleme richtig einzuschätzen, ist auch noch langjährigen Spitzenfahrern geläufig. Im Endeffekt gibt es bloß einen Weg, diese Fälle sicher zu meistern. Nur durch genaues Beobachten der anderen Verkehrsteilnehmer kann man deren Absichten erahnen und auf ihr Verhalten angemessen reagieren. Hundertprozentige Sicherheit kann es aber auch so nicht geben.

Wo man hinsieht fährt man hin

Das hört sich im ersten Moment eventuell banal an, doch das ändert sich in schwierigen Situationen. Es ist tatsächlich so, dass das Motorrad dort hin fährt, wohin man den Blick fixiert – das hat etwas mit Psychologie zu tun. Anscheinend dominiert das Gesehene vor allen anderen Eindrücken und ist stärker als das Wissen oder die Gefühle.

Ein Beispiel: Wir durchfahren eine enge Kehre mit geringer Geschwindigkeit. Das Motorrad ist schwer beladen und der Weg nicht besonders gepflegt. Im Scheitel der Kurve liegt in unserer Fahrlinie ein faustgroßer Stein. Natürlich wollen wir nicht auf diesen Stein fahren und versuchen, daran

vorbei zu kommen. Doch gerade dadurch, dass der Stein als Hindernis fixiert wird, halten wir automatisch auf ihn zu. Die Wahrscheinlichkeit den Stein zu treffen ist höher als 50 Prozent.

Die Lösung: Um uns selbst zu überlisten müssen wir uns überwinden woanders hinzusehen. Nur so ist es möglich, ohne „Feindkontakt" das Hindernis zu passieren. Wir behalten den Stein zwar gedanklich im Kopf, zwingen uns aber weiter nach vorne oder zum Kurvenende zu blicken. Die Wahrscheinlichkeit den Stein dann noch zu treffen liegt deutlich unter 50 Prozent.

Ein Nebeneffekt bei dieser Lösung: Sollte man dennoch den Stein treffen, wird man sehen, dass das Motorrad zwar in seiner Fahrt gestört, aber nicht gleich von selbst umkippt oder unkontrollierbar wird. Wenn ihr dem Motorrad vertraut, könnt ihr das Sturzrisiko effektiv verringern und es bleibt bei einem kurzen Anstieg der Pulsfrequenz.

Merke: Stürze sind meist durch eigenes Fehlverhalten verursacht, nicht durch das Motorrad selbst.

Besonders heikel wird dieses Phänomen bei extrem engen Spitzkehren die auch noch durch Felsen oder Abgründe begrenzt sind. Ein Fehler könnte hierbei fatale Folgen haben, da sich die Problematik oft dramatisch verschärft.

Auch hier ist es nur mit einem Blick fort von der Gefahrenstelle möglich, die Situation in den Griff zu bekommen. Die Erinnerung an die eigenen Fähigkeiten, das Aufbauen eines gesunden Selbstbewusstseins und das Wissen, dass man das Motorrad auch wirklich beherrscht, können zusätzlich helfen. Trotzdem heißt es stets Vorsicht walten lassen und nichts riskieren. Sollte es trotz aller Erfahrung und List nicht gelingen, die Gefahrenstelle sicher zu passieren, heißt es erst einmal stehen bleiben und überlegen.

Siehe dazu „Verhalten in kritischen Situationen – Wenn man mal nicht mehr weiter kommt“

Anfahren und Schalten

Der richtige Start

Das Anfahren mit einem Motorrad ist eins der einfachsten Dinge, für Einsteiger aber nicht unbedingt leicht. Darum werde ich kurz schildern, was es dabei zu beachten gibt.

Eine vorausschauende Fahrweisehilft, den Kurvenradius besser einzuschätzen.

Es gibt die sehr unterschiedliche Situationen, in denen ihr euer Motorrad zum Stehen bringen müsst. Irgendwann wollt ihr aber sicher weiter fahren und von dieser Lage aus Anfahren. Auf der Ebene ist das am einfachsten, was in der Fahrschule bereits vermittelt wurde. Wenn es bergauf oder bergab geht, schaut sie Sache jedoch ganz anders aus.

Fangen wir mit dem Einfacheren an, wenn es bergab geht. Ihr richtet euer Motorrad aus und betätigt die Fußbremse. Nach dem Einlegen des ersten Gangs könnt ihr beim Kommenlassen der Kupplung auch die Fußbremse lösen.

Wenn es bergauf geht, läuft es prinzipiell genau so ab, allerdings wird die Fußbremse später gelöst, nämlich dann wenn ihr merkt, dass das Motorrad anschiebt. Euer Oberkörper sollte dabei weit nach vorne geneigt sein und eure Ellenbogen nach außen zeigen. Das zusätzliche Zusammenzwicken der Knie an den Tank macht das Ganze etwas leichter. Wichtig ist hierbei, dass ihr das Gas gut dosiert. Wenn ihr auch noch schwer beladene Koffer am Motorrad

Der so genannte Wheelie erfordert neben einem leistungsstarken Motorrad und der Beherrschung von Gas und Fußbremse auch viel Gleichgewichtsgefühl. Dieses Manöver ist nichts für Einsteiger. Bitte nicht nachahmen!

habt und der Tank fast leer ist, müsst ihr besonders feinfühlig Gas geben, denn das Vorderrad wird in dieser Situation sehr entlastet und könnte vom Boden abheben – nicht erschrecken. In diesem Fall nicht einfach vom Gas gehen, sondern das Gas zurück dosieren und mit der Fußbremse das Vorderrad wieder auf den Boden bringen.

Beim Anfahren in eine Kurve, ist das Gleichgewichthalten am wichtigsten. Hierbei macht ihr es euch leichter, wenn ihr auf der Sitzbank weit nach vorne rutscht und wieder die Knie fest an den Tank drückt. Fußrasten belasten hilft auch. Am besten wird diese Situation auf einer ebenen Fläche geübt, indem ihr möglichst langsam (langsamer als im Schritttempo) versucht, einen Slalom um verschiedene Gegenstände zu fahren.

Perfektes Schalten für optimalen Vortrieb

Habt ihr die folgende Situation nicht auch schon erleben müssen? Ihr fahrt gerade auf eine Straße ein und wollt natürlich schnell im Verkehrsstrom mitschwimmen. Erster Gang Vollgas, Kupplung ziehen, zweiten Gang einlegen, dann Kupplung schnell kommen lassen und weiter Gas geben. Doch plötzlich heult der Motor fürchterlich auf und die Geschwindigkeit nimmt nicht mehr zu. Das passiert beim hastigen Schalten. Auch die Gänge brauchen etwas Zeit, um in die passende Verzahnung zu finden. Die Kupplung besteht aus einer oder mehreren Scheiben, welche die Antriebskraft vom Motor an das Getriebe weitergeben. Gerade bei hohen Drehzahlen kann der Unterschied dieser Kupplungsscheiben so groß sein, dass die Gänge dann nicht mehr schnell genug reagieren und zusammen kommen. Die Folge ist ein Leerlauf.

Also auch wenn es eilt, solltet ihr den Gängen Zeit geben und die Kupplung länger gezogen halten. Ein kleiner Trick ist auch das Mitziehen der Drehzahl während des Schaltens. Wie beschrieben kann der Drehzahlunterschied zwischen den Kupplungsscheiben sehr hoch sein. Mit dem Gas könnt ihr zumindest die motorseitige Scheibe in ihrer Drehgeschwindigkeit anpassen. Mit der Zeit bekommt ihr ein immer besseres Gefühl, welche Drehzahl bei welchem Gang und welcher Geschwindigkeit die richtige ist. Prinzipiell ist es möglich genau in diesem Moment ohne Betätigen der Kupplung zu schalten, nämlich wenn beide Seiten (Antrieb und Getriebe) synchron laufen.

Beim Herunterschalten könnt ihr das laut krachende Geräusch beim Einlegen des Ganges reduzieren, indem ihr mit dem Schalten wartet. Bremst euer Motorrad ab bis sich die Drehzahl des Motors im ersten Viertel bewegt. Grund sind wiederum die unterschiedlichen inneren Drehgeschwindigkeiten.

Beschleunigen und Überholen

Auf der Geraden

Eine der leichtesten Übungen ist das Beschleunigen auf einer Geraden. Zum besseren Verständnis erkläre ich kurz ein paar physikalische Eigenheiten. Beim Beschleunigen werden große Kräfte freigesetzt. Diese Kräfte müssen überwiegend vom Motorrad selbst im Zaum gehalten werden. Wir nehmen beim Fahren aber hierauf Einfluss und können die Sache unterstützen oder verschlechtern. Jede Aktion des Fahrers verändert die Kräftesituation zwischen dem Motorrad und dem Fahrer. Diese Kräftesituation können wir durch richtige Köperbewegungen (verschieben des Gesamtschwerpunktes) kompensieren. Zuerst bestimmen wir, wie groß die Kraftentfaltung sein soll. Der Motor reagiert auf unsere Befehle und produziert Leistung. Diese Leistung wird an die Kupplung übertragen und über das Getriebe weiter zum Antrieb geleitet. Unsere Gangwahl beeinflusst das Übersetzungsverhältnis im Getriebe und unsere Pflege den Widerstand im Antrieb. Vom Antrieb wird die Motorleistung an das

Rad weitergeleitet und vom Reifen auf die Fahrbahn übertragen. Die Haftreibung des Reifens muss hier größer sein, als die Leistung des Motors, sonst würde sich das Rad auf der Stelle durchdrehen. Ihr kennt das Prinzip sicher, aber wenn ihr das einmal genauer betrachtet seht ihr, dass hier viele einzelne Baugruppen zusammenspielen. Auf jede dieser Baugruppen können wir direkt einwirken.

KÖRPEREINSATZ

Jede Änderung durch euch am Motorrad erfordert während der Fahrt eine Gegenmaßnahme mit eurem Körper.

Durch unsere Fahrtechnik haben wir eine zusätzliche Möglichkeit, das Beschleunigen zu beeinflussen. Unser Motorrad hat einen eigenen Schwerpunkt, genauso wie wir selbst. Diese beiden Schwerpunkte zusammen ergeben wieder einen neuen Schwerpunkt, der entscheidend für das Fahrverhalten ist. Den Schwerpunkt des Motorrades können wir nur gering verändern, nämlich dann wenn sich der Tankinhalt oder die Beladung ändern. Außerdem verschiebt er sich beim Eintauchen oder Ausfedern der Gabel. Wo wir sehr viel machen können, ist unser eigener Schwerpunkt. Allein das Ändern der Oberkörperposition beeinflusst das Gesamtsystem sehr stark. Darum macht es Sinn, beim Beschleunigen den eigenen Schwerpunkt nach vorne zu bringen

Ein kontrolliertes Durchdrehen des Hinterrades kann Spaß machen. Das Schwierigste hierbei ist das Geradehalten der Maschine. Am besten gelingt das auf einer Wiese oder einem sandigen Kiesplatz.

Fahren im Grenzbereich – solche Manöver sollten nur auf geeigneten und abgesperrten Strecken ausprobiert werden.

um der Beschleunigung entgegen zu wirken. Entgegen deshalb, um das Gesamtsystem zu stabilisieren. Der verstärkte Druck auf beide Fußrasten bringt den eigenen Schwerpunkt nochmals ein kleines Stück weiter nach vorne. Der Zug am Lenker bewirkt das Gegenteil! Der Schwerpunkt des Motorrades wird dadurch nach oben und hinten verlagert.

Aus der Kurve

Das Beschleunigen aus einer Kurve heraus zählt sicher zu den schönsten Manövern. Zu spüren wie das Motorrad aus der Schräglage nach vorne schnellt, ist Fahrdynamik pur. Wenn eine Kurve fast vollständig durchfahren ist, könnt ihr schon Gas geben. Je nach Verlauf der Kurve früher oder später. Oft ist es aber möglich, viel früher als angenommen zu beschleunigen. Dabei ist es entscheidend, wie ihr in diese Kurve eingefahren seid.

Wie auf der Geraden ist die Positionierung des Gesamtschwerpunktes entscheidend. Und weil eine Kurve viel komplexer als die Gerade ist, müsst ihr auch viel mehr auf dem Motorrad arbeiten. Der Oberkörper muss wieder nach vorne gebracht, extremer Druck auf die kurvenäußere Fußraste gebracht und das Gas bei vorausschauender Fahrweise feinfühlig dosiert werden. Die Schräglage die auf den beiden Bildern dieser Doppelseite zu sehen ist, könnt auch ihr erreichen. Dazu müssen die Reifen

In gewissem Maße lassen sich Fahrtechniken von der Rennstrecke auf die Straße übertragen. Die Rahmenbedingungen (Auslaufzone und keine Gefährdung anderer) müssen aber gegeben sein.

mit dem korrekten Reifendruck schön warm gefahren und der Belag der Straße frei von Verschmutzungen sein. Schön ist hier zu sehen, dass die Fahrtechniken vom Supermoto auch auf der Straße umsetzbar sind. So könnt ihr selbst mit einem unscheinbaren Motorrad mächtig Eindruck machen.

Der innere Fuß ist hier stark angewinkelt und wird über den Asphalt schleifend mit gezogen. Sollten die Räder anfangen zu Rutschen, kann man mit dem Fuß das Motorrad schnell wieder aufrichten und einen Sturz vermeiden. Zusätzlich ist der äußere Ellenbogen weit oben, um im kritischen Moment kraftvoll am Lenker zu ziehen. Am wichtigsten ist der Druck auf die äußere Raste. Dazu später mehr.

Beim Überholen

Wie leicht es doch ist, mit einem stark beschleunigenden Motorrad andere Verkehrsteilnehmer zu überholen. Ich gebe zu, dass auch das Überholen seinen Reiz hat. Man spürt die Kraft des Motors

Das Stilfser Joch zählt zu den Highlights im Kurvenrausch. Nicht weniger als 48 Kehren führen auf der Ostseite hoch zur Scheitelhöhe.

und kann die Beschleunigung fühlen. Überholen heißt manchmal auch besser fahren zu können, aber das ist keinesfalls immer so . Sinnloses Überholen mit Gefährdung Anderer ist hirnlos und überflüssig. Um beim Überholen auf Nummer Sicher zu gehen, solltet ihr die Situation genauestens analysieren. Überholen heißt Durchstarten, also muss die Startbahn dafür auch frei sein. Das heißt, dass in dem Moment natürlich kein Gegenverkehr da sein darf. Auch dürfen Vorausfahrende nicht plötzlich durch Abbiegen den Weg versperren. Landwirtschaftliche Fahrzeuge sind in diesem Zusammenhang besonders gefährlich! Achtet also vor dem Überholen unbedingt darauf, dass ihr weit genug nach vorne sehen könnt und genug Zeit zum Überholen ist, kein Gegenverkehr kommt und für weiter vorne fahrende Fahrzeuge außerdem keine Möglichkeit besteht, in eine Seitenstraße oder Parkplatz abzubiegen. Die Straße muss vorher schon auf ihren Zustand hin angeschaut werden. Bevor ihr den Blinker setzt, beobachtet genau den Vordermann. Der kann euch vielleicht nicht sehen und zieht ebenfalls raus um zu Überholen. Schaut auch nach hinten, denn andere Motorradfahrer die vielleicht einen besseren Überblick haben, könnten schon beim Überholen sein und gleich neben euch fahren.Denkt beim Überholen wieder an das Schalten – nicht zu hastig sondern gründlich. Nach dem das oder die Fahrzeuge überholt wurden, heißt es einscheren, aber nicht zehn Zentimeter vor der Stoßstange des zuletzt überholten Fahrzeuges. Außerdem solltet ihr das Gas nicht gleich zurück nehmen, denn andere Überholer brauchen Platz um ebenfalls einscheren zu können.

Kurvenfahrt

Das Projekt Kurve

Kurven sind das gesuchte Revier für Motorradfahrerinnen und -fahrer. Kurven sind das Zielgebiet und die Herausforderung zugleich. Kaum ein anderes Fahrzeug hat so viele Möglichkeiten in Kurven wie ein Motorrad. Durch die Neigung des Fahrzeugs können höhere Kurvengeschwindigkeiten erreicht werden – also viel mehr Dynamik.

In diesem Abschnitt wird erklärt, wie eine Kurve an- und durchfahren wird. Außerdem erfahrt ihr, wie Probleme vermieden und gelöst werden.

Jede Kurve ist anders. Der Verlauf des Radius kann sich in einer Kurve ändern, der Belag und das

Hier ist gut zu erkennen, dass der Blick nicht zum Vorderrad, sondern weit nach vorne zum Ende der Kurve geht. Eine vorausschauende Fahrweise ermöglicht es, sich besser auf die jeweilige Straßen- und Verkehrssituation einzustellen.

Gefälle oder die Steigung ebenfalls. Wenn dann noch Hindernisse im Kurvenverlauf die Sicht versperren, wird es schwieriger. Weil keine Kurve wie die andere ist, müssen viele Parameter beachtet werden.

Nachfolgend sind die wichtigsten Dinge erklärt, die bei jeder Kurve anwendbar sind.

In die Kurve blicken

Wie zuvor beschrieben fahrt ihr dort hin, wo ihr hinseht. In der Kurve gilt das im Besonderen, weswegen die Blickführung sehr wichtig ist. Der Blick in der Kurve streift ständig vom Vorderrad weg nach vorne, den Weg entlang. Eventuelle Hindernisse oder Störfaktoren müssen so gefunden und gemieden werden. Ein Blick in eine Kehre kann sicherstellen, dass nicht mit Gegenverkehr zu rechnen ist, was im Bedarfsfall mehr Platz in der Kurve schafft.

Grundsätzlich solltet ihr mindestens einmal soweit in die Kurve schauen, wie es möglich ist und nur so schnell fahren, dass ihr innerhalb dieser Distanz und in jeder Situation sicher zu Stehen kommen könnt. Die Kurve selbst müsst ihr natürlich auch immer im Auge behalten, denn der Kurvenradius kann sich schnell ändern obwohl man es auf den ersten Blick gar nicht sieht.

Gerade in Kurven ist vermehrt mit Verschmutzungen zu rechnen, weil zum Beispiel Pkw die Kurve zu eng genommen haben und ins Bankett gefahren sind. Dabei gelangen Sand und Kiesel vom Bankett auf den Asphalt, was für Motorradfahrer wiederum Gefahren birgt.

Wenn ihr euch ein gutes Bild von der Kurve machen konntet, geht ihr jetzt daran, die optimale Linie durch diese Kurve zu finden, auf der ihr fahren wollt.

Die richtige Fahrlinie wählen

Nach dem Blick in die Kurve, können die dabei gesammelten Informationen verarbeitet und die Fahrlinie bestimmt werden. Die Fahrlinie ist eine gedachte Linie auf der die Räder des Motorrades entlang laufen sollen. Diese Fahrlinie legen wir gedanklich im Voraus fest, nachdem wir die Strecke genau gesichtet haben. Sie entscheidet darüber, wie gut wir die Kurve durchfahren werden. Es gibt Grenzbereiche für die Fahrlinie, die nicht überschritten werden dürfen, um nicht mit anderen zu kollidieren oder die Straße unfreiwillig zu verlassen.

Bei der Festlegung der Fahrlinie habt ihr relativ viel Spielraum. Sie sollte in einem Bereich liegen, den ich als Fahrlinienkorridor bezeichne. Wenn ihr eure Fahrlinie innerhalb dieses Korridors legt, seid ihr auf der sicheren Seite.

Bei Gegenverkehr muss die Fahrlinie passen, sonst droht ein Abdriften von der eigenen Fahrspur.

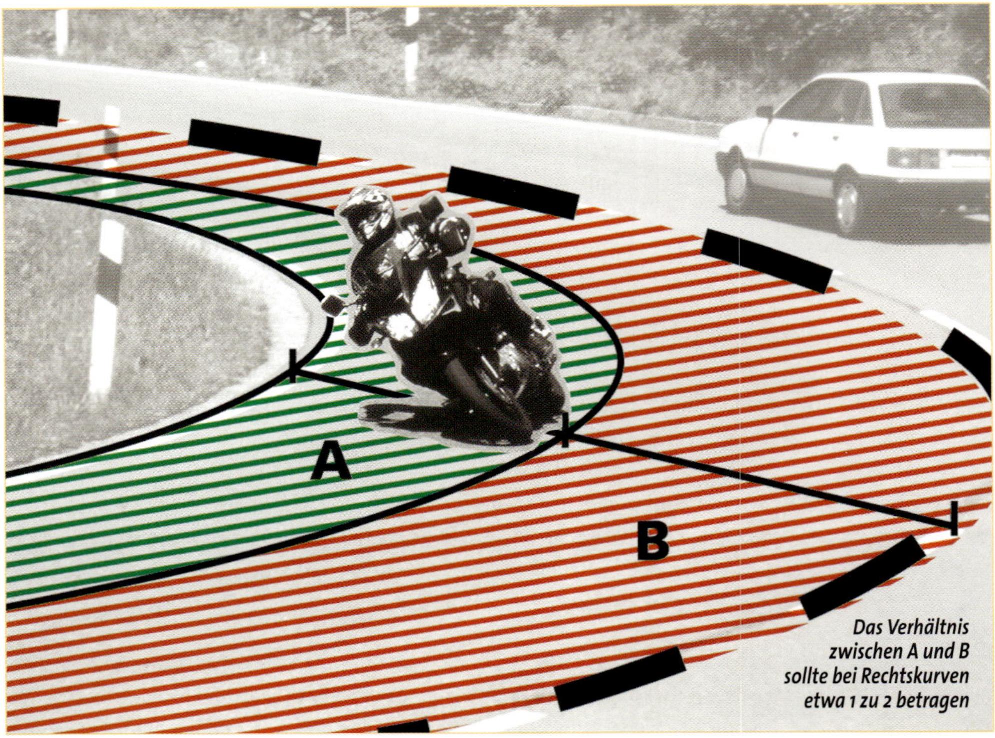

Das Verhältnis zwischen A und B sollte bei Rechtskurven etwa 1 zu 2 betragen

Der Fahrlinienkorridor ändert sich mit dem Verlauf der Kurve, ist aber wie in der Skizze innerhalb des inneren Drittels A der eigenen Fahrbahnhälfte zu wählen. Bereich B dient als Sicherheitszone, falls Entgegenkommende die Kurve schneiden oder ihr einem Hindernis ausweichen müsst. Bereich A stellt die optimale Basis für eine gute Fahrlinie dar.

Außerdem müsst ihr das besondere Fahrverhalten eures Motorrades berücksichtigen. Bei einem Chopper mit verlängerter Gabel oder einer Gold-Wing müsst ihr eine andere Fahrlinie wählen als bei einem Supersportler oder einer Sportenduro. Es gibt also Vor- und Nachteile bei der Wahl der optimalen Fahrlinie.

Jedes Motorrad hat seine Eigenheiten, daran ist die Fahrlinie zu orientieren. Die Ausmaße des Motors können zum Beispiel die Schräglagenfreiheit begrenzen (l.), ein hohes Fahrzeuggewicht die Wendigkeit negativ beeinflussen (m.) oder eine gegenüber dem Fahrzeuggewicht sehr hohe Motorleistung die Dynamik des Motorrads in der Kurve stark und schnell verändern (r.).

Bei einem Boxer-Motor stehen die Zylinder sehr weit nach außen, der Chopper besitzt einen viel größeren Wendekreis und der Supersportler ist nicht so wendig und so weiter. Um eine Kurve optimal zu fahren, müsst ihr diese Eigenschaften berücksichtigen und versuchen, trotzdem im Fahrlinienkorridor zu bleiben.

Der nächste entscheidende Punkt ist das Timing. Fahrt ihr zu früh oder zu spät in eine Kurve, müsst ihr die Fahrlinie während der Fahrt korrigieren. Eine Änderung der Linie während der Fahrt bedeutet immer eine Störung im gesamten Ablauf. Mögliche Fehler oder Probleme können sich hier leicht einschleichen. Prekär wird die Situation vor allem, wenn ihr in der Kurve bremsen müsst. Dabei ist das Sturzrisiko am größten. Macht euch also schon vor der Kurve Gedanken, wie ihr die Kurve durchfahren wollt.

Rechtskurve

Bei unserem hiesigen Rechtsverkehr ist die Rechtskurve leichter zu fahren als eine Linkskurve. Das liegt daran, dass der Fahrlinienkorridor breiter ist und eine Rechtskurve besser eingesehen werden kann.

Die eigene Schräglage kann sogar über innere Fahrbahngrenze ragen. Auf diese Weise könnt ihr praktisch mehr von der Straße nutzen als eigentlich vorhanden ist.

Die obere Skizze auf Seite 47 zeigt, wie ihr den Fahrlinienkorridor optimal nutzt. Nach diesem Schema erkläre ich euch auch alle anderen Kurvensituationen in diesem Kapitel.

Kurz vor der eigentlichen Rechtskurve wandert die Fahrlinie an den linken Rand des Fahrlinienkorridors, um für die Kurve auszuholen. Das ist bei den später beschriebenen Serpentinen besonders wichtig. Der Radius der Fahrlinie sollte möglichst gleichmäßig sein, um Korrekturen während der Kurvenfahrt zu vermeiden. Am Scheitelpunkt der Kurve wandert die Fahrlinie zum Kurveninneren um nach dem Scheitelpunkt wieder etwas nach außen auslaufen zu können.

Diese Linie bringt einige Vorteile. Beim Ausholen könnt ihr die Kurve besser einsehen. Durch das Hereinziehen der Linie zum Kurveninneren vergrö-

Vor der Einfahrt in die Kurve schätzen die Fahrer den Kurvenradius ab.

Beide Fahrer legen sich in die Kurve.

Der Korridor einer Kurve kann so breit sein, dass zwei Motorräder nebeneinander fahren können.

In der Kurve richtet sich der Blick zum Kurvenausgang.

Der Fahrer im Kurveninnern versucht, möglichst weit innen zu fahren. Er blickt für beide voraus.

Am Kurvenausgang beschleunigen beide Motorräder wieder und richten sich auf.

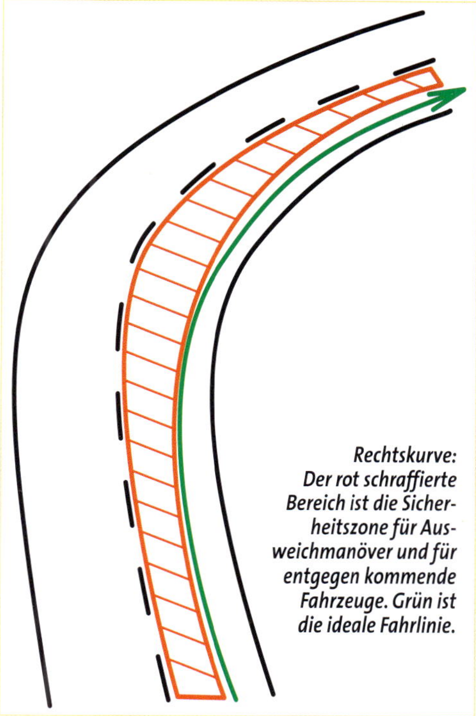

***Rechtskurve:* Der rot schraffierte Bereich ist die Sicherheitszone für Ausweichmanöver und für entgegen kommende Fahrzeuge. Grün ist die ideale Fahrlinie.**

ßert ihr die Sicherheitszone und verkürzt den eigenen Weg – ein höheres Tempo ist möglich. Nach dem Passieren des Scheitelpunktes könnt ihr durch das Auslaufenlassen zum Äußeren der Kurve hin den Radius der eigenen Fahrlinie vergrößern und früher Gas geben.

Linkskurve

Die Linkskurve erfordert eine höhere Lenkpräzision, weil der Fahrlinienkorridor schmaler ist. Er ist es deshalb, weil die eigene Schräglage zur Gegenfahrbahn gerichtet ist. Dadurch haben wir weniger Spielraum für Ausweichmanöver.

Eine weitere Schwierigkeit ist die Begrenzung der Fahrbahn nach außen. Es ist sehr schwierig, der Fahrlinie möglichst nahe am Fahrbahnrand zu folgen. Dieser Bereich ist außerdem häufig verschmutzt oder in einer anderen Beschaffenheit, da er von den Pkw kaum benutzt wird. Künstliche Barrieren wie Leitplanken stellen dazu auch psychologisch eine kleine Hürde dar. Trotz allem solltet ihr stets versuchen, möglichst weit rechts auf eurer Fahrspur zu bleiben.

Im Gegensatz zur Rechtskurve hat die Linkskurve eine breitere Sicherheitszone und einen schmaleren Fahrlinienkorridor. Sie ist schwieriger einzusehen und meist außen durch Leitplanken begrenzt. Der Radius der Fahrlinie ist bei der Linkskurve meistens mit dem des Straßenverlaufs identisch.

Vor der Kurve bremsen

Um eine Kurve überhaupt korrekt fahren zu können muss die Geschwindigkeit unbedingt angepasst werden. Wenn ihr zu viel Tempo mit in die Kurve nehmt, reduziert ihr damit gleichzeitig die Sicherheitszone und könnt eure Fahrlinie normalerweise nicht halten.

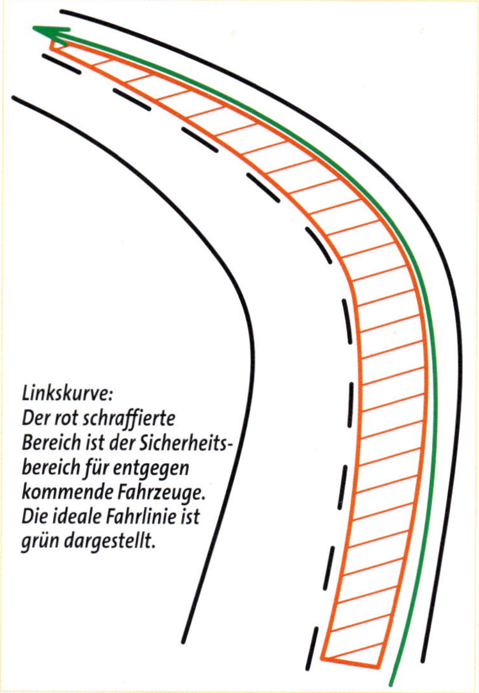

***Linkskurve:* Der rot schraffierte Bereich ist der Sicherheitsbereich für entgegen kommende Fahrzeuge. Die ideale Fahrlinie ist grün dargestellt.**

Bei der Einfahrt in die Kurve gilt die Aufmerksamkeit des Fahrers zunächst dem weiteren Streckenverlauf.

Sich zuziehende Kurven können so frühzeitig erkannt und das Tempo angepasst werden.

Auch am Scheitelpunkt sollte man eigenen Fahrlinienkorridor auf keinen Fall verlassen.

Nun richtet sich der Blick zum Kurvenausgang ...

... und der Fahrer beschleunigt wieder etwas.

Der Blick bleibt auf den Kurvenausgang gerichtet, um entgegenkommende Fahrzeuge früh zu entdecken.

Bei der Kurvenfahrt gibt es generell drei Stadien:

- vorheriges Bremsen auf die für die Kurve passende Geschwindigkeit (Erfahrung hilft hier)
- Nach dem Bremspunkt erfolgt eine Phase konstanter Geschwindigkeit, in der die Kurve mit der höchsten Schräglage durchfahren wird
- Ab dem Beschleunigungspunkt könnt ihr wieder Gas geben, das kann schon vor dem kompletten Wiederaufrichten des Motorrades sein.

Der Streckenbereich mit konstanter Geschwindigkeit zwischen dem Bremspunkt und dem Beschleunigungspunkt ist in der unten stehenden Skizze mit einem schwarzen N (für den neutralen Bereich) markiert.

Je kleiner ihr diesen neutralen Bereich gestaltet, umso schneller könnt ihr die Kurve durchfahren. Gleichzeitig erhöht ihr aber auch das Risiko zu schnell zu sein beziehungsweise die optimale Fahrlinie nicht mehr korrekt halten zu können.

Je größer dieser Bereich ist, umso gemütlicher und mit mehr Sicherheit durchfahrt ihr die Kurve.

KURVENGESCHWINDIGKEIT

Ihr solltet bereits vor der Kurve die Geschwindigkeit an die Kurve angepasst haben. So könnt ihr stressfrei durchfahren und viel früher wieder Gas geben.

Zuziehende Kurve

Wie schon erwähnt, gleicht keine Kurve einer anderen. Besonders tückisch wird es, wenn der Radius der Kurve im Verlauf kleiner wird, die Kurve „zu macht". Das zwingt uns normalerweise unsere Geschwindigkeit anzupassen, was aber eine Störung im Ablauf bedeutet. Aber auch hier gibt es einen Ausweg – Schräglage. Eine zuziehende Kurve könnt ihr mit konstanter Geschwindigkeit durchfahren, wenn ihr dabei stetig die Schräglage erhöht. Mit einer größeren Schräglage könnt ihr nämlich kleinere Kurvenradien fahren.

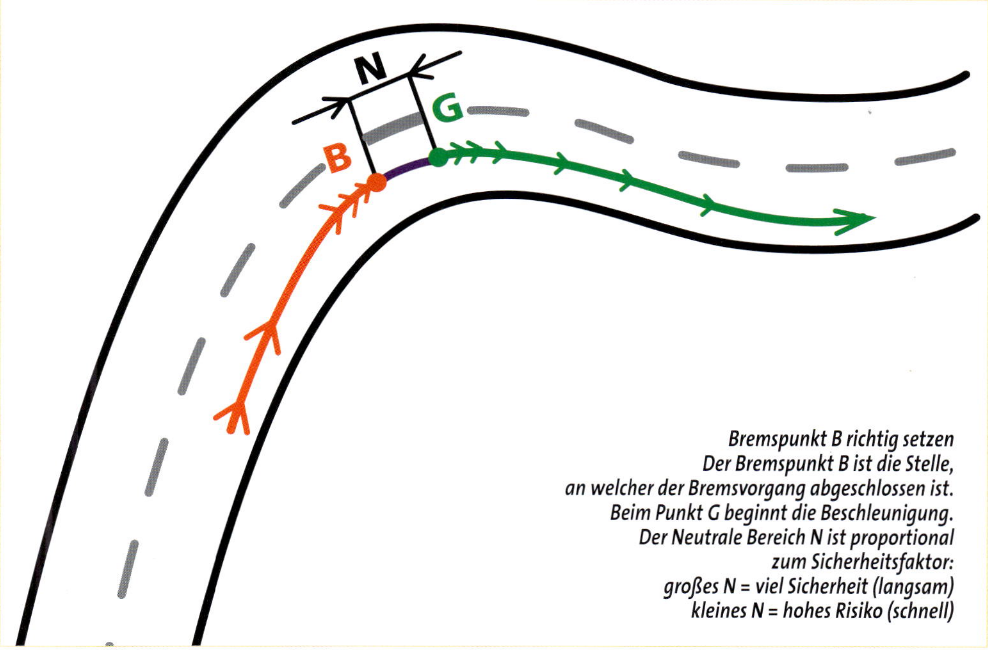

Bremspunkt B richtig setzen
Der Bremspunkt B ist die Stelle, an welcher der Bremsvorgang abgeschlossen ist. Beim Punkt G beginnt die Beschleunigung. Der Neutrale Bereich N ist proportional zum Sicherheitsfaktor:
großes N = viel Sicherheit (langsam)
kleines N = hohes Risiko (schnell)

Hier ist schön zu erkennen, wie der Kurvenverlauf enger wird.

Bei einer zuziehenden Rechtskurve könnt ihr auch durch stärkeres Ausholen eure Fahrlinie optimieren. Aber auch hier gilt: Am Scheitelpunkt (der bei einer zuziehenden Rechtskurve zum Kurvenende wandert) solltet ihr weit rechts fahren.

Wenn eine Linkskurve zuzieht, wird es schwierig. Da die Schräglage jedoch nicht so groß ist, fällt es leichter, hier nachzujustieren.

SCHRÄGLAGE

Wenn ihr die Schräglage in einer Kurve einmal zu groß gewählt habt, könnt ihr das Motorrad durch Gas geben schnell und effektiv wieder aufrichten. So lässt sich die Kurve dennoch durchfahren.

Kurve bergab

Die zuvor beschriebenen Kurventechniken werden schwieriger, wenn die Kurve an sich eng und dazu noch eine Steigung oder ein Gefälle zu überwinden ist. Gerade auf Bergpässen sind solche Kurven überall anzutreffen. Durch die Steigung oder das Gefälle müssen wir die Geschwindigkeit verändern – wiederum eine unerwünschte Störung im Ablauf, die aber hier ganz gut verarbeitet werden kann. Das größere Problem ist das Setzen des Brems- und Beschleunigungspunktes auf der Fahrlinie.

Als Bremspunkt ist die Stelle auf der Fahrlinie definiert, an dem der Bremsvorgang abgeschlossen ist. Ab diesem Moment haben wir die Bremsen soweit losgelassen, dass das Motorrad nicht weiter verlangsamt. Der Beschleunigungspunkt dagegen ist die Stelle, an der wir mehr Gas geben, um nach der Kurve wieder Geschwindigkeit aufzunehmen und die Fahrt mit normalem Tempo fortzusetzen.

BREMSPUNKT WÄHLEN

Wählt euren Bremspunkt so, dass ihr vor der Kurvendurchfahrt schon die gewünschte Geschwindigkeit habt. Das verschafft euch mehr Zeit in der Kurve und ihr könnt euch früher auf das Beschleunigen konzentrieren.

Mit den folgenden Skizzen wird erklärt wo ihr diese beiden Punkte am besten setzt und eure Fahrlinie legt. Bei diesen Skizzen werdet ihr öfter sehen, dass die Sicherheitszone gerne ausgereizt wird, was aber bei freier Fahrt ohne Gegenverkehr kein Problem ist.

HINWEIS: KURVENTECHNIK

Bei den nachfolgenden Kurventechniken gehe ich davon aus, dass der Gegenverkehr auf seiner Fahrspur bleibt. Aus Erfahrung trifft das in der Realität aber nicht immer zu. In dem Fall, dass euch jemand ganz oder teilweise auf eurer Fahrspur entgegenkommt (Reisebusse machen das ganz besonders gerne), solltet ihr versuchen, die Geschwindigkeit zu reduzieren, bis der Entgegenkommende die Zeit hatte, eure Fahrspur zu verlassen. Notfalls bleibt ihr einfach kurz stehen, bis die Verkehrslage ein sicheres Durchfahren der Kurve zulässt.

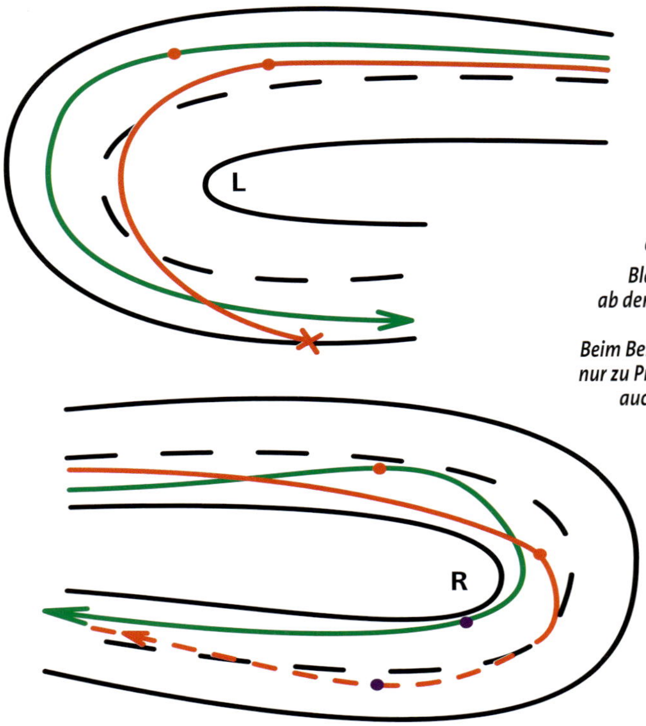

Mit dieser Skizze sind gleich mehrere Probleme dargestellt. Oben ist eine einfache Linkskurve und unten eine leicht zuziehende Rechtskurve dargestellt.

Linkskurve bergab

Die grüne Fahrlinie zeigt, wie ihr es am besten machen solltet. Hier könnt ihr im Gegensatz zur anderen Kurvensituationen den Bremspunkt sogar deutlich später setzen. Die rote Fahrlinie stellt die typischerweise falsch gewählte Fahrlinie dar. Der Fahrer auf der roten Linie ist nicht vorausschauend genug gefahren und hat die Kurve falsch eingeschätzt. Durch das zu frühe Abbremsen wandert der Radius mehr zum Kurveninneren und damit in den Gegenverkehr. Ein Versuch diesen Fehler auszugleichen könnte damit enden, aus der Fahrbahn getragen zu werden. Wenn der Fahrer auf der roten Fahrlinie nicht nach unten in die Kurve schaut, könnte es böse enden, wenn ein Reisebus nach oben den Weg kreuzt.

Der Fahrer auf der grünen Fahrlinie macht es dagegen völlig korrekt. Er nutzt die Kurve voll aus und hält viel Abstand zur Gegenfahrbahn. Die Sicherheitszone wird in diesem Fall sehr gut eingehalten. Durch das Ausfahren der Kurve bleibt der Fahrer ohne Probleme auf der eigenen Fahrspur.

Aufgepasst! Nach oben kommender Verkehr nutzt hier unsere Fahrspur gerne zum Ausholen.

Rechtskurve bergab

Bei dieser Rechtskurve nach unten (es ist eine zuziehende!) steigt der Anspruch an das Fahrkönnen stark an. Hier zeigt sich, wer sein Motorrad sicher beherrscht. In dieser Kurve haben wir die im Straßenverkehr kleinsten Kurvenradien zu meistern. Am besten seid ihr auf der grünen Fahrlinie unterwegs. Steuert dabei bis kurz vor Erreichen der Kurve den linken Rand eurer Fahrbahn an und zwar so, dass ihr genau an dieser Stelle euren Bremspunkt habt. Vor dem

Erreichen des Bremspunktes solltet ihr nach unten zum Kurvenausgang schauen und den Gegenverkehr beobachten. Am Bremspunkt setzt ihr die Kurvenfahrt an. Mit den Knien am Tank, einer aufrechten Sitzposition am vorderen Ende der Sitzbank und mit dem Fuß auf der Hinterradbremse werdet ihr es ohne größere Schwierigkeiten schaffen. Denkt an die Blickführung. Schaut euch das Kurveninnere an.

Die rote Fahrlinie zeigt wiederum ein typisches Problem. Der Fahrer dieser Linie war mal wieder viel zu schnell dran, bis er gemerkt hat, dass sich die Kurve zuzieht. Der Bremspunkt landete dadurch viel zu weit in der Kurve und machte eine Kurskorrektur nötig, die hier noch gut gemeistert wurde. Dennoch ist die Unfallgefahr hier extrem hoch. Eine Kollision mit dem Gegenverkehr oder das unfreiwillige Verlassen der Straße ist wahrscheinlich.

BREMSPUNKT

Beim Herabfahren von einem Berg ist das Setzen des Bremspunktes das Wichtigste.

Kurve bergauf

Aufwärts geht es immer leichter. Das kommt daher, weil die Geschwindigkeit fast ausschließlich über das Gas reguliert werden kann. Beim Bergabfahren müsst ihr euch dazu noch auf die Vorderradbremse konzentrieren. Und weil es einfacher ist, am Gas zu drehen als die Bremse zu dosieren, ist das Bergauffahren leichter.

Aber auch hier gilt, wie bei der Talfahrt, eine gute Fahrlinie einzuhalten. Zur Erklärung nehme ich wie-

Nur durch vorausschauende Blickführung können unangenehme Konfrontationen mit dem Gegenverkehr vermieden werden.

der die gleiche Skizze, nur geht es diesmal bergauf. Im oberen Bild haben wir gleich die schwierigste Situation. Es ist wieder einmal recht eng und wir haben nicht viel Platz. Die grünen Fahrlinien stellen wieder den Idealfall, die roten Fahrfehler dar.

Rechtskurve bergauf

Hier müsst ihr euren Bremspunkt wieder so legen, dass dieser möglichst vor der Kurve selbst und nahe der Mittellinie der Fahrbahn ist. Das Schwierigste an dieser Kurve ist es, ihren Scheitelpunkt zu erkennen. Da es bergauf geht, ist die Sicht nach vorn schwieriger. Die Neigungen der Straße verzerren die Sicht und führen leicht dazu, dass ihr euch mit den Entfernungen verschätzt.

Auch hier beim Bergauffahren im engsten Radius hilft es, beim Fahren die Hinterradbremse leicht zu betätigen. Das Motorrad wird stabiler. Also wieder die Knie an den Tank, eine aufrechte, leicht nach vorn gebeugte Oberkörperhaltung und den Blick ganz nach rechts zum Ende der Straße richten. So meisterst du diese anspruchsvolle Kurve.

Der Fahrer der roten Fahrlinie ist schon wieder zu schnell gefahren oder bremste zu spät. Im günstigen Fall gerät er mit seiner Fahrlinie in den Gegenverkehr, im ungünstigen Fall sogar ab von der Straße. Hier ist gut zu erkennen, wie wichtig das Ausholen vor der Kurve ist. Wenn das Ausholen nicht ausreichend ist, verlieren wir zu viel Platz und landen draußen.

Ein weiteres Phänomen ist hier auch gut zu erklären. Beim Bergauffahren kommt es gerade im Gebirge vor, dass die Straße nicht von Leitplanken, sondern von Felswänden oder Abgründen begrenzt ist. Bei der Felswand kann es bergauf zu Schwierigkeiten kommen, wenn die Blickführung versagt. Manche starren diese Felswand an, bis sie direkt davor zu stehen kommen und nicht weiterfahren können. Ihr müsst euch überwinden, nach rechts zum Ende der Straße zu blicken und nicht geradeaus auf die Wand – ihr kommt schon rum ums Eck, keine Panik.

Linkskurve bergauf

Links herum bergauf ist es wieder leicht. Haltet euch dabei am äußeren Rand der Kurve und folgt dem Kurvenverlauf. Entscheidend ist hier wieder das richtige Setzen des Bremspunktes. Achtet bei der Fahrt auf dieser Linie wieder auf den Straßen-

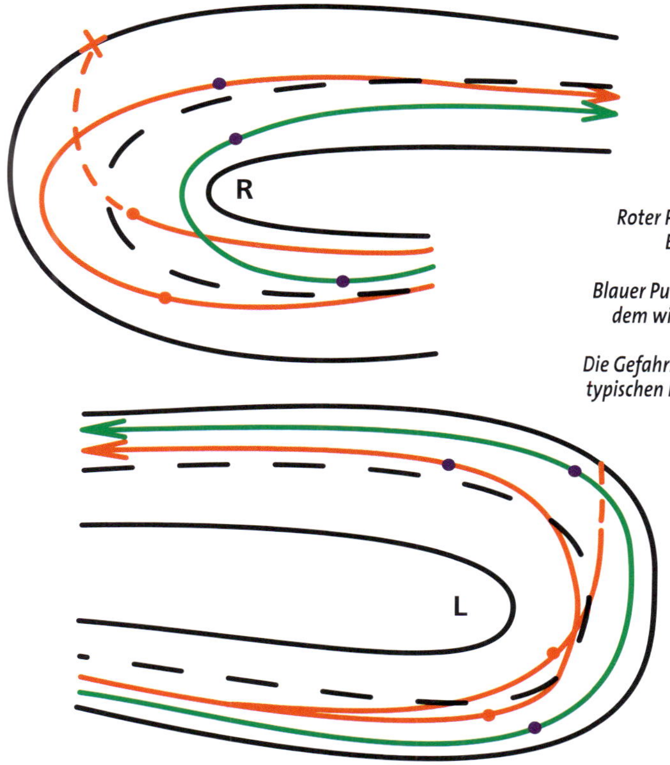

Grün = Ideallinie
Rot = Gefahrlinie

Roter Punkt = Bremspunkt an dem der Bremsvorgang abgeschlossen ist

Blauer Punkt = Beschleunigungspunkt ab dem wieder Gas gegeben werden kann

Die Gefahrlinien in dieser Skizze zeigen die typischen Fahrfehler, die oft zu Problemen am Kurvenausgang führen.

Auf geht's! Die Fahrerin folgt vorbildlich der idealen Fahrlinie und blickt stets voraus. So wird es richtig gemacht.

S-Kurven erfordern eine besonders vorausschauende Fahrweise.

belag und auf eventuelle Verschmutzungen. In diesem Bereich bleibt gerne mal das eine oder andere Ding liegen.

BLICKFÜHRUNG

Beim Bergauffahren ist das Setzen des Bremspunktes zwar wichtig, die Blickführung ist aber fast noch wichtiger.

S-Kurve

Die zuvor beschriebenen Schwierigkeiten der Rechts- und Linkskurven können sich in der S-Kurve vereinen und neue Probleme verursachen. Die Tücke liegt im Wechsel. Je nachdem wie ausgeprägt die S-Kurve ist, kann sie zwischen einer Geraden und einer Z-förmigen Kurve liegen. Meist treffen wir lang gezogene S-Kurven an, die man durch Schneiden der Kurven auch geradlinig durchfahren könnte.

Blickführung und richtige Fahrlinie entscheiden zusammen mit der gewählten Geschwindigkeit, ob die Durchfahrt reibungslos verläuft.

EIGENE FAHRSPUR NUTZEN

Auch wenn die Straße mehr Platz bieten würde, solltet ihr generell nur eure eigene Fahrspur verwenden.

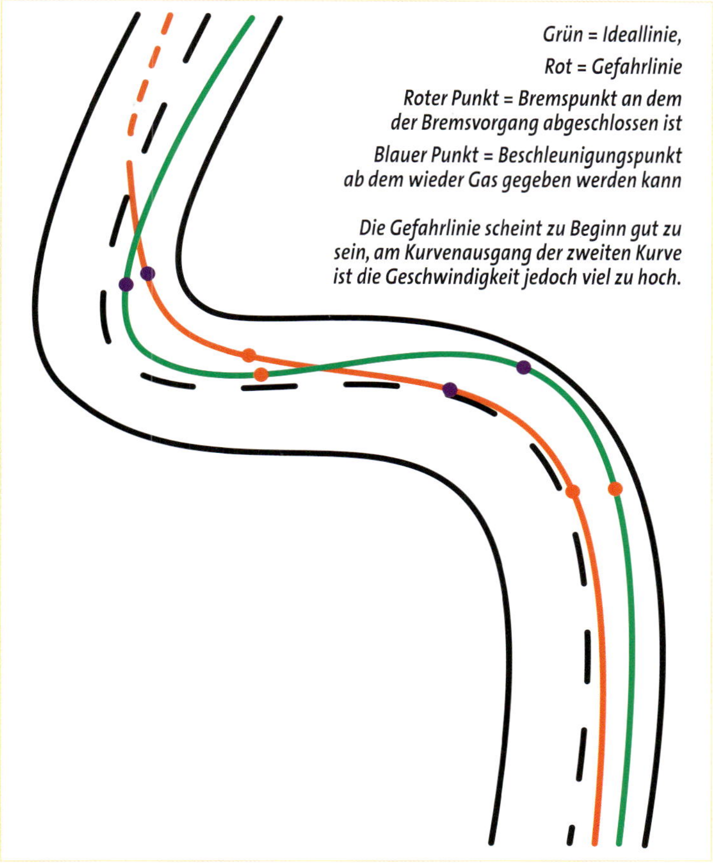

In der obigen Skizze sind wieder zwei Fahrlinien eingezeichnet. Vielleicht meint der eine oder andere, dass bei dieser Skizze die Farben vertauscht wären, dem ist aber nicht so. Was im ersten Moment als richtig erscheint, ist bei der S-Kurve oft falsch und deshalb so schwierig einzuschätzen.

Was die S-Kurve besonders gefährlich werden lässt, ist die Möglichkeit sie mit hohem Tempo durchfahren zu können. Bei einfachen Kurven sind so hohe Geschwindigkeiten nicht fahrbar. Im Falle eines Sturzes verlängert sich die Auslaufzone in große Weiten und bei einem Aufprall treten viel höhere Kräfte auf, die zu schwersten Verletzungen führen können. Fahrt deshalb besonnen und nicht zu schnell in eine S-Kurve. Wie ihr das am besten macht, zeigt die obige Skizze.

Wie schon angedeutet, schaut die rote Fahrlinie zunächst gar nicht so falsch aus. Sie scheint flüssig und harmonisch zu sein. Bei näherer Analyse werdet ihr aber erkennen wo die Probleme liegen.

Die Bremspunkte auf der roten Fahrlinie sind ungefähr auf der gleichen Höhe wie bei der grünen Fahrlinie, ebenso die Beschleunigungspunkte. Das Setzen dieser Punkte kann es also nicht sein, was falsch ist. Die Geschwindigkeit dürfte bis zum zweiten Bremspunkt auch in etwa gleich sein. Was ist also der große Unterschied? Richtig, die Fahrlinie an sich.

Der Fahrer auf der roten Fahrlinie ist sportlich unterwegs und folgt ohne große Mühen dem Kurvenverlauf – bis zur letzten Kurve, denn da merkt er, dass sie sich zuzieht. Die Kurve wurde daher falsch eingeschätzt und das Tempo ist viel zu hoch.

Ein Abdriften in den Gegenverkehr lässt sich nicht vermeiden.

Ganz anders der Fahrer auf der grünen Fahrlinie. Er fährt bewusst so, als ob auf der Mittellinie eine Leitplanke stehen würde. Mit dieser Sichtweise muss er zwangsläufig eine andere Linie wählen, denn sonst würde er gegen die imaginäre Leitplanke fahren. Auf diese Weise muss er gerade die zweite Kurve wie eine enge Rechtskurve anfahren. Anders ist hier nur, dass die Fahrlinie, wie es optimal wäre, nicht möglichst nahe am Kurveninneren liegt, sondern eindeutig in der Sicherheitszone. Das ist allerdings bei dieser S-Kurve vertretbar, denn sonst müsste der Fahrer die Geschwindigkeit noch stärker verringern. Als Ziel zum Perfektionismus könnt ihr euch das aber so vornehmen wie es sein sollte, nämlich möglichst nah am Kurveninneren.

FAHRLINIE BEACHTEN
S-Kurven müssen mit einer besonderen Fahrlinie angegangen werden. Stellt euch vor, dass sich auf der Mittellinie eine Barriere befindet.

Serpentinen

Das ist sicherlich die Königsdisziplin beim Motorradfahren. Sowohl fahrtechnisch als auch landschaftlich gehören Serpentinen zu den aufregendsten Momenten beim Motorradfahren. Prinzipiell handelt es sich um eine S-Kurve, bei der noch ein Gefälle oder eine Steigung dazu kommt. Bei der Fahrt bergab auf einer Serpentine ist es wie zuvor bei den Bergabkurven wichtig, die Bremspunkte richtig zu setzen. Beim Bergauffahren auf einer Serpentine ist auf die Blickführung zu achten.

Wenn ihr zum ersten Mal auf einer Serpentinenstrecke fahrt, wählt ein langsames Tempo. Vor allem beim Bergabfahren können hohe Bremskräfte nötig sein, um die Bremspunkte zu treffen. Hier bewegt ihr euer Motorrad schnell am Limit der Bremsen.

Kehrtwenden

Eine Sonderform der Kurve ist die Kehrtwende. Hierbei führt der Weg auf engstem Raum wieder genau in die Richtung, aus der die Kehrtwende angefahren wurde. Bei diesen extrem engen Kurven ist das Gleichgewicht wieder der Schlüssel zum Erfolg. Wie schon weiter vorne beschrieben, gibt es verschiedene Tricks, das Gleichgewicht besser zu halten:

- Hinterradbremse schleifen lassen
- möglichst weit vorne sitzen
- Knie an den Tank
- Aufrechte Sitzposition (beim Bergauffahren leicht nach vorne geneigt)
- nach außen stehende Ellenbogen
- Blickführung zum Ziel (hier sehr schwierig, weil das Ziel eigentlich hinter uns liegt)
- Druck auf die Fußrasten ausüben

Die schlimmsten Fehler die ihr in einer Kehrtwende (das gilt grundsätzlich für alle Kurven) machen könnt, sind:

- zu hohe Gangwahl
- zu hohe oder zu niedrige Geschwindigkeit
- den Blick an eine schwierige Stelle fixieren
- in der Kurve bzw. Kehre die Geschwindigkeit ändern müssen

Und als schlimmsten Fehler überhaupt: Die Füße von den Rasten nehmen.

Sobald ihr beide Füße von den Rasten nehmt, könnt ihr nicht mehr richtig lenken. Ihr werdet zu 100 Prozent eure Fahrlinie verlassen und könnt die Kurve oder Kehre nicht schaffen! Ein Unfall ist nun kaum noch zu vermeiden!

FUSSRASTEN
Während der Fahrt beide Füße gleichzeitig von den Rasten zu nehmen, bedeutet das Aufgeben der Gewalt über das Motorrad!

Einen Fuß dürft ihr schon mal absetzen, aber es muss immer der Kurveninnere sein und dabei muss der Kurvenäußere verstärkt Druck auf die Raste geben, um das Absetzen des anderen Fußes auszugleichen.

Herantasten in der Kurve

HINWEIS: FAHRTECHNIK
Die nachfolgende Fahrtechnik setzt größeres Fahrkönnen voraus und ist nicht für Anfänger oder Aufsteiger geeignet.

In bestimmten Kurven im Alpengebiet versammeln sich an schönen Tagen oft viele Neugierige. Ihre Absicht: Sie wollen den vielen Motorradfahrern zusehen, wie sie sich einen Pass hinauf oder hinunter schlängeln. Sie haben sich gerade diese Stellen ausgesucht, weil sie wissen, das hier mit spektakulären Situationen zu rechnen ist. Wohl als höchstes Ziel gelten dabei Kurvendurchfahrten mit schleifenden Fußrasten. Es ist schon recht beeindruckend, wenn sich ein Motorrad nicht nur flott und mit großer Schräglage, sondern auch schabend und Funken sprühend durch eine Kurve bewegt. Doch für den Fahrer ist dieses Manöver nicht gerade leicht. Wie bekommt man das hin?

Um so in Schräglage zu fahren, dass die Rasten über den Asphalt kratzen, bedarf es viel Übung und Sicherheit.

Nun, vor allem braucht ihr das nötige Vertrauen in euer Motorrad und in die Haftung der Reifen. Außerdem ist es entscheidend, die richtige Fahrlinie gewählt zu haben, denn Korrekturen während der Fahrt kosten Zeit und damit Tempo.

Verschiedene Kurventechniken

Beim Beschleunigen und Überholen habe ich schon die Wichtigkeit des Schwerpunktes angesprochen. Dieses Thema soll nun vertieft werden, um die Kur-

Die aufrechte Kurvenfahrt ist für Anfänger am besten geeignet.

ventechniken besser zu verstehen. Durch die verschiedenen Techniken, eine Kurve zu fahren, habt ihr Einfluss auf den Schwerpunkt. Auf der Straße könnt ihr sinnvollerweise zwei unterschiedliche Stile beim Kurvenfahren anwenden, im Aufrechten Stil oder im so genannten Hang-off Stil. Beide haben ihre Berechtigung und bieten unterschiedliche Vor- und Nachteile.

Folgende Vor- und Nachteile können für die Auswahl einer der beiden Stile helfen:

Tipp

Schleifende Fußrasten in der Kurve

Auch wenn man sich noch so bemüht und viel wagt, kann es dennoch sein, dass die Rasten nie den Boden berühren. Oft verschätzt man sich selbst wie hoch die Schräglage gerade ist. Außerdem kommt das Gefühl hinzu, bei aufsetzenden Rasten im Grenzbereich zu fahren. Dieser Moment erzeugt gewöhnlich ein ungutes Gefühl.
Um sich besser auf das Ereignis vorzubereiten gibt es ein paar wirkungsvolle Tricks:

1. Sucht euch auf einer ruhigen Strecke eine übersichtliche und gleichmäßige enge Kurve aus.
2. Fahrt diese Kurve so oft, bis ihr den Straßenzustand und den Kurvenverlauf genau kennt.
3. Nun erhöht ihr mit jeder Fahrt etwas die Geschwindigkeit.
4. Neigt euren kurveninneren Fuß mit der Spitze etwas weiter nach unten, so könnt ihr den Straßenbelag spüren, bevor die Rasten den Boden berühren.
5. Wenn euer Fuß den Boden dabei erreicht, ist es fast geschafft und ihr könnt in dem Moment etwas mehr Gas geben und die Schräglage erhöhen.
6. Konzentriert euch dabei absolut auf die Kurve selbst und nicht auf die Rasten.
7. Bergauf ist es leichter als bergab, darum erst mal bergauf üben.

Aufrechte Kurvenfahrt

Vorteile

- äußere Raste kann besser belastet werden
- einfacher, weil nichts geändert werden muss
- entspannteres Fahren möglich
- geeignet für hohe Motorräder wie Enduros

Nachteile

- geringere Schräglagenfreiheit
- größere Schräglage bei gleicher Kurvengeschwindigkeit

Hang-off Stil

Vorteile

- das Motorrad neigt sich nicht so sehr
- es sind höhere Kurvengeschwindigkeiten möglich
- geeignet für Straßensportler

Nachteile

- Sitzposition muss öfter verändert werden, was Unruhe ins Fahrwerk bringen kann
- erfordert eine gute Kondition

Bei den Supersportfahrern ist der Hang-off Stil sehr beliebt. Große Kurvenradien können damit schnell durchfahren werden.

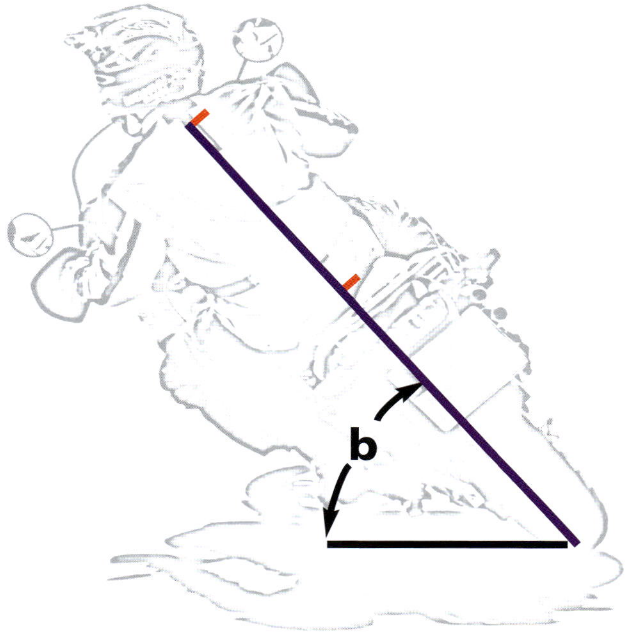

Hier ist der Unterschied einer aufrechten Kurvenfahrt gegenüber dem so genannten Hang-off Stil dargestellt. Gleiche Achse Fahrer – Motorrad ergibt kleineren Winkel b und somit weniger Schräglagenfreiheit. Durch Hang-off wandert die Achse des Fahrers (S1) näher zum Kurveninneren (S2) und der Gesamtschwerpunkt um x nach unten. Dadurch ergibt sich ein größerer Winkel a und damit mehr Schräglagenfreiheit.

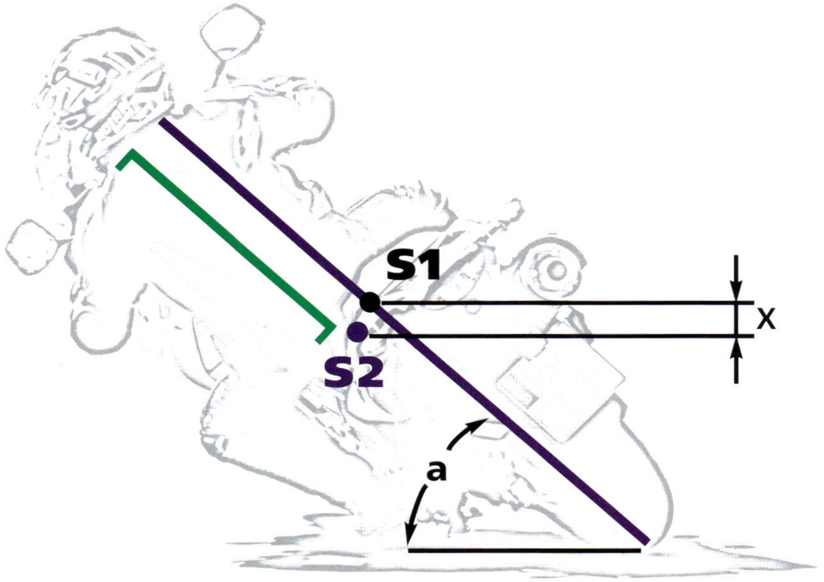

Unterschied: Gerade und Hang-Off. Beide Fahrer haben ihre Fahrlinie in dieser Situation eigentlich zu weit ins Kurveninnere gelegt. Besser wäre es, sie noch einen knappen Meter weiter rechts zu legen.

Versucht ein und die selbe Kurve mehrfach wiederholt zu durchfahren und probiert einmal die beiden Techniken aus.

Kurvenmanöver nie abbrechen

Einen schlimmen Fehler, den ihr beim Motorradfahren begehen könnt, habe ich bereits im Kapitel Kehrtwendungen beschrieben. Der schlimmste Fehler den ihr machen könnt, ist jedoch das Abbrechen des Kurvenmanövers.

Dieses Abbrechen bedeutet, ihr gebt die von euch gewählte Fahrlinie auf, weil die möglicherweise nicht funktioniert. Das Abbrechen ist besonders in Kurven fatal. Wenn ihr die Fahrlinie und die Kurve an sich aufgebt, schießt ihr irgendwo hin. Meistens seid ihr dann auch noch viel zu schnell unterwegs und fliegt von der Straße. Was dann passiert kann niemand sagen, aber nicht selten endet es tödlich!

KURVE NIEMALS ABBRECHEN

Ihr dürft niemals euer Kurvenmanöver abbrechen. Dieses Abbrechen bedeutet: Ihr überlasst es dem Schicksal wohin die Weiterfahrt geht

Ich möchte euch hier keine Angst einjagen, aber darauf hinweisen, dass Motorradfahren sehr gefährlich sein kann, wenn ihr die Kontrolle darüber aufgebt.

FAHRLINIE EINHALTEN

Fahrt bitte stets nur so schnell, dass ihr innerhalb der gewählten Fahrlinie anhalten könnt, auch wenn euer Motorrad über ein modernes ABS verfügt und die Grenzen des Möglichen mehr ausreizen könnte.

Konzentriert euch lieber auf eine saubere Fahrtechnik als auf Topspeed und Vollbremsungen. Auch wenn ihr schnell fahren wollt, werdet ihr erfahren, dass dies nur mit einer sauberen Technik, einer guten Blickführung und Fahrlinienwahl möglich ist. Selbst mit einem deutlich schwächeren Motorrad könnt ihr auf dieser Grundlage schneller fahren.

Belastung der Fußrasten

Beim Fahren von Kurven ist das Belasten der Fußrasten das A und O der Motorradfahrtechniken. Nur mit dieser Technik könnt ihr richtig gut fahren. Wie ihr schon erfahren habt, hat das Belasten der Rasten etwas mit Lenken zu tun. Beim Kurvenfahren kommt noch ein weiterer Effekt hinzu: Ihr verbessert damit die Haftung eurer Reifen!

Ähnlich wie beim Hang-off-Stil verändert ihr durch den Druck auf die kurvenäußere Raste die Lage des Gesamtschwerpunktes. Der Unterschied

Durch viel Druck auf die kurvenäußere Raste wird der Gesamtschwerpunkt (S1, S2) um A etwas weiter nach außen und damit näher zu den Rädern verlagert. So wird die Haftreibung verbessert.

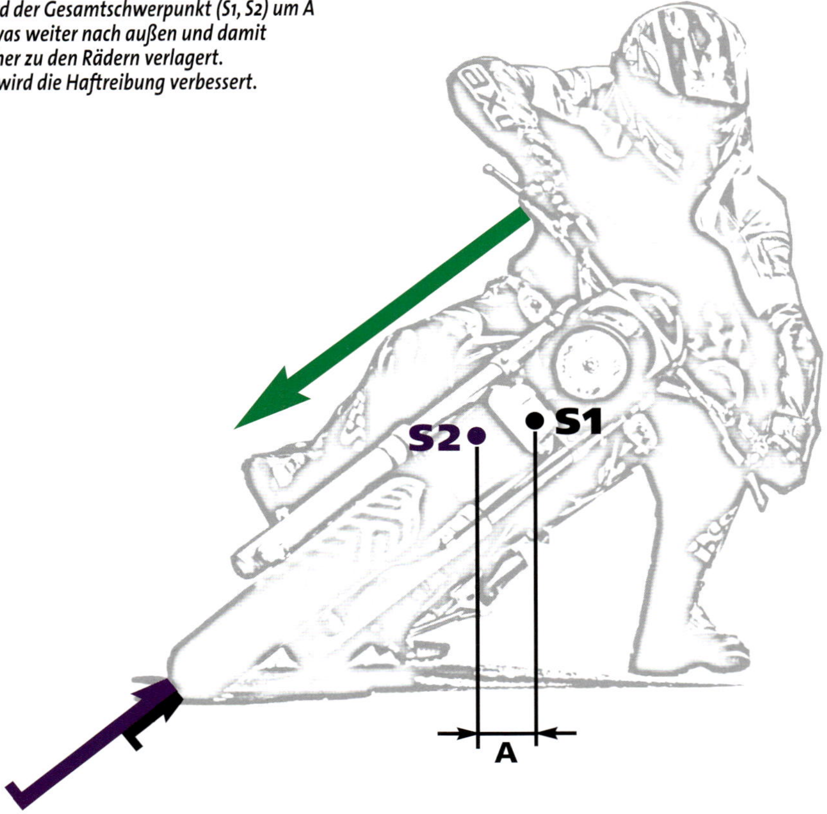

zum Hang-off besteht allerdings darin, dass die Schräglage gleich bleibt. Durch den Druck auf die Rasten wandert der Gesamtschwerpunkt weniger nach unten als nach außen. Das bringt einen entscheidenden Vorteil: Ein Teil der Zentrifugalkraft wird kompensiert und in Auflagedruck auf den Asphalt umgewandelt.

Die folgende Skizze verdeutlicht die Krafteinwirkung auf die Rasten im Sitzen.

Durch den Druck auf die kurvenäußere Raste stemmt ihr euch gegen die Fliehkraft. Dieser Druck wird vom Motorrad natürlich auf die Räder übertragen, denn eine andere Verbindung zum Untergrund gibt es ja nicht. Bei dieser Aktion verlagert ihr euren eigenen Schwerpunkt mehr zur belasteten Fußraste, also nach außen. Damit wandert auch der Gesamtschwerpunkt nach außen. Das geht nicht beliebig weit, denn irgendwann würde das Motorrad nach außen kippen.

Merkt ihr es? Genau, das würde ein Umlenken in die andere Richtung bedeuten. Bei diesem Umlenken würde sich das Motorrad von einer Reifenflanke über die Mitte zur anderen Reifenflanke bewegen. Das passiert zwar nicht, aber durch den Druck auf die äußere Raste leitet ihr dieses Verhalten ein. Es werden also vermehrt Kräfte zur Reifenmitte hin übertragen. Das bedeutet wiederum einen günstigeren Abrollumfang am Reifen. Das Ergebnis ist kurz erklärt: die Haftreibung wird verbessert.

DRUCK AUF DIE FUSSRASTE
Mit dieser Technik lassen sich leichtere Motorräder wieder abfangen, wenn sie bei zu großer Schräglage oder ungünstigen Bodenbelägen ins Rutschen kommen.

Bremsen

Der erste Moment

Der Bremsvorgang an sich zählt sicher zu den kompliziertesten Vorgängen beim Motorradfahren. Auch wenn ihr dafür nur an einem Hebel ziehen oder drücken müsst, passiert eine ganze Reihe von Dingen, die auf das Fahrverhalten des Motorrades einen großen Einfluss nehmen. Je nachdem wie stark ihr bremst, treten zum Teil sehr hohe Kräfte – die so genannten Lastwechselreaktionen auf. Hier eine kurze Zusammenfassung was sich alles verändert wenn ihr an der Vorderradbremse zieht:

1. Die Bremse wird betätigt und verlangsamt die Umdrehungsgeschwindigkeit des Rads.
2. Nachdem diese Umdrehungsgeschwindigkeit sich gegenüber dem Boden schneller verlangsamen will, baut sich über den Reifen ein größerer Druck auf den Boden auf. Dabei ändert sich auch seine Auflagefläche. Sie wird etwas größer, um die auf den Reifen einwirkende Kraft besser übertragen zu können.
3. Ab diesem Moment erfolgt die Einleitung einer Gegenkraft. Da die Erde nicht so leicht nachgibt, wird die Bremskraft auf die Reifen quasi reflektiert und stellt sich als gleich große Gegenkraft gegen das Motorrad. Folge ist ein Zusammenstauchen der Gabel, weil die momentan das Bauteil mit dem geringsten Widerstand ist. Außerdem entspannt sich nun das hintere Federbein und lässt das Heck nach oben kommen. Der hintere Reifen wird nun weniger belastet.
4. Wenn sich die Gabel nicht weiter komprimieren lässt und die Gegenkraft nicht weiter abgebaut werden kann, erfolgt eine weitere Reflexion dieser Kraft, die sich als Massenträgheit auswirkt. Das bedeutet, dass das Motorrad sein Gewicht mehr und mehr auf den Vorderreifen verlagert, so lange, bis die Haftung des Reifens nicht mehr ausreicht, um den Druck weiter auf den Untergrund zu übertragen. Folge: Das Rad beginnt zu blockieren, weil sich Trägheit der Masse gegenüber der Haftung des Reifens durchsetzt.
5. Es ist also die Haftreibung die verhindert, dass wir gleich wegrutschen. Das Verlangsamen des Vorderrades ist der Beginn des Bremsvorgangs, also der Punkt, ab dem die Bremsbacken gegen die Bremsscheibe drücken. Wir haben eine direkte Kontrolle über den Vorgang und können diese Energie so dosieren, dass die Haftreibung möglichst bis zum Limit ausgereizt wird. Wird das Limit überschritten, beginnt der Reifen zu quietschen und zu rauchen.
6. Wenn sich die Grenze der Haftreibung ankündigt, sollten wir den Druck auf die Bremse verringern, denn mehr geht dann nicht. Im Extremfall kann die Haftreibung aber länger halten, als das Motorrad mit der Masse dagegen steht. Dann hebt sich das Heck weiter und das Hinterrad verlässt den Boden. Die gesamte Last liegt nun alleine auf dem Vorderrad – das ist der Beginn des so genannten Stoppies. Solange hierbei der Schwerpunkt nicht vor die Auflagefläche des Vorderreifens wandert, kann dieser Stoppie noch kontrolliert und rückgängig gemacht werden. Im anderen Fall erfolgt ein Überschlag.

Weil sich die Gabel beim Bremsen sehr stark komprimiert, haben wir weniger Federweg und ein sehr hartes Fahrwerk. Das kann sich besonders dann negativ auswirken, wenn Unebenheiten oder Verschmutzungen auf der Straße zu finden sind. Die Gefahr zu rutschen ist dann deutlich höher.

Weil der Vorderreifen erst einmal den Druckaufbau übertragen muss und sich die Gabel komprimiert, könnt ihr nicht sofort mit voller Leistung bremsen. Die maximale Bremskraft benötigt etwas

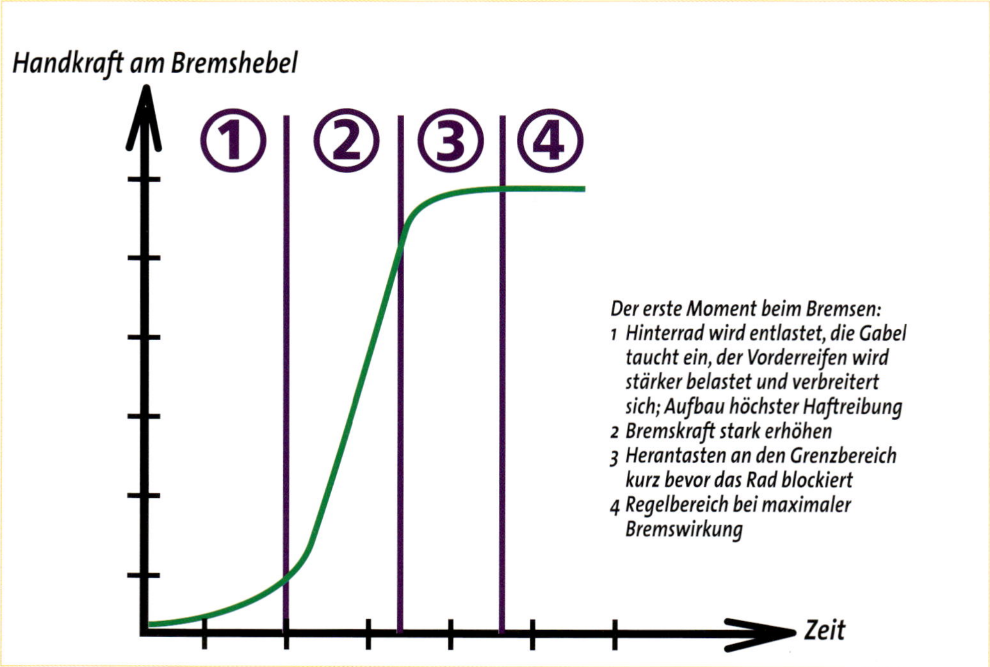

Zeit, um sich aufbauen zu können. Darum dürft ihr nicht gleich fest am Bremshebel ziehen, sondern müsst leicht anbremsen, bis sich die Bremskraft voll übertragen lässt. In der obigen Skizze ist das mit dem Bereich (1) dargestellt.

Wenn die Bremskraft anschließend voll übertragen werden kann, könnt ihr feste zupacken und die Bremsleistung maximal erhöhen, was als Bereich (2) zu sehen ist.

Im Bereich (3) der Kurve ist der Moment erreicht, an dem ihr merkt, dass die Bremskraft nicht weiter erhöht werden kann, ohne dass das Vorderrad blockiert oder das Heck abhebt.

Hier angekommen wird es schwierig, denn ab da müsst ihr versuchen die Bremskraft so zu dosieren, dass die maximal und das Motorrad stabil bleibt. Das ist dann der so genannte Regelbereich (4).

Bremsen ist letztendlich also ganz schön kompliziert. Um den Fahrer hierbei zu unterstützen, haben viele Hersteller inzwischen ABS-Systeme entwickelt. Zu diesen Systemen könnt ihr weiter hinten mehr lesen.

Schleifende Bremsen

Eine schleifende Hinterradbremse kann sehr nützlich sein, wenn ihr ganz enge Kurven in langsamem Tempo fahren wollt. Durch das leichte Mitbremsen des Hinterrades ohne vom Gas zu gehen wird das Motorrad während der Fahrt gestreckt und stabilisiert sich. Die Kippneigung verringert sich. Diese Technik eignet sich besonders gut für sehr enge Kehren wo das Gleichgewicht eine besonders wichtige Rolle spielt.

Verteilung der Bremskraft

Im normalen Bremsbetrieb habt ihr die Möglichkeit vorne und hinten gleichzeitig zu bremsen. Wie ihr schon gelesen habt, wird das Hinterrad beim starken Bremsen sehr stark entlastet und weniger Bremskraft übertragen (darum ist die hintere Bremsscheibe auch immer viel kleiner). Die meiste Kraft wird vorne übertragen und sollte beim normalen Bremsen etwa 70 Prozent der gesamten Bremskraft übernehmen.

Wenn ihr schwere Koffer und einen Sozius dabei habt, könnt ihr hinten auch mal stärker bremsen.

Bremsen in der Kurve

Besonders brenzlig wird es, wenn ihr in einer Kurve plötzlich bremsen müsst. Normalerweise solltet ihr ja die Geschwindigkeit bereits vor der Kurve angepasst haben. Durch unerwartete Situationen kann es aber erforderlich sein, in einer Kurve stark abbremsen zu müssen – eine nicht ganz ungefährliche Sache. Während einer Kurvenfahrt mit der entsprechenden Schräglage besitzen die Reifen keine so gute Haftreibung, wie wenn ihr aufrecht geradeaus fahren würdet. Die Gefahr des Rutschens der Reifen ist sehr hoch. Darum ist es gerade in Kurven extrem wichtig, beim Bremsen die kurvenäußere Raste maximal zu belasten. Die Bremskraftverteilung kann hier im Gegensatz zur normalen Fahrt mehr zum Hinterrad verlagert werden, sollte aber vorne mit mindestens 60 Prozent stets höher sein.

Da die kurvenäußere Raste belastet werden muss, gibt es bei Rechtskurven einen kleinen Vorteil gegenüber Linkskurven, weil der Fußbremshebel ja auf der rechten Seite montiert ist. Bei der Linkskurve muss die rechte Raste belastet werden, wobei ihr wahrscheinlich nicht wohl dosiert auch noch den Fußbremshebel bedienen könnt. In diesem Fall konzentriert ihr euch besser auf die Vorderradbremse.

Beim Bremsen in der Kurve müsst ihr noch mit einer physikalischen Eigenart rechnen – dem Aufstellmoment. Die drehenden Räder eures Motorrades wirken wie große Kreisel. Wenn ihr versucht einen drehenden Kreisel in seiner Achse zu verdrehen, wirken die Kreiselkräfte dagegen. Anders herum: Wollt ihr einen drehenden Kreisel abbremsen, werden die Kreiselkräfte das durch eine Drehung der Achse ausgleichen. Auf das Motorrad übertragen bedeutet dies, dass beim Bremsen in der Kurve das Motorrad über die Räder aus der Schräglage heraus aufgerichtet wird, darum heißt es auch Aufstellmoment. Die Hersteller versuchen dieses Aufstellmoment durch ausgefeilte Konstruktionen zu kompensieren, was aber nicht bei allen Modellen gleich gut funktioniert. Je nach Fahrzeug können also diese

Tipp
Hilfe durch ABS

Geschichte

Zuerst gab es für Passagierflugzeuge ein ABS, dann für Pkw und ganz zum Schluss für Motorräder. Das liegt vor allem an den relativ geringen Stückzahlen und der wesentlich komplizierteren Technik. Beim Motorrad verändern sich ständig viele Parameter, treten komplizierte Kräfte der Fahrphysik auf und stehen für die Bremskraft die kleinsten übertragenden Flächen zur Verfügung.

Das ABS fürs Motorrad war bis in den späten 80ern noch für unmöglich gehalten worden, bis BMW das erste System in der K100 vorstellte. Seit dem hat sich sehr viel in der Entwicklung getan und mittlerweile sind die Systeme perfektioniert worden. Mit modernen ABS-Anlagen sind kürzere Bremswege realisierbar, als durch jedes andere System.

Technik

Sensoren überwachen permanent die Umdrehungsgeschwindigkeiten der Räder unter Berücksichtigung der Momentangeschwindigkeit. Wird eines der Räder überbremst, stellt das System das fest und greift sofort in die Situation ein. Über Druckventile wird die Bremskraft reduziert und von nun ab vom System reguliert. Mittels kleiner Servomotoren kann das System dabei den Druck im Hydrauliksystem der Bremsanlage in winzigen Bruchteilen einer Sekunde verändern und so die Bremskraft dosieren. Mit einem modernen ABS können Vollbremsungen mit maximal möglicher Verzögerung durchgeführt werden.

Aufstellmomente unterschiedlich stark auftreten. Ihr solltet darauf vorbereitet sein, wenn sich das Motorrad beim Bremsen unerwartet aufrichtet und geradeaus weiter fahren möchte. In diesem Fall müsst ihr das Motorrad verstärkt in die Schräglage drücken und dem Aufstellmoment entgegen zu wirken.

Motorräder mit ABS sind ein Gewinn für Motorradfahrer: sie verbessern die Sicherheit, ermöglichen aber auch das Fahren näher im Grenzbereich.

Grenzen erkennen

Beim Bremsen wird ja die Geschwindigkeit des Motorrades hauptsächlich über das Vorderrad übertragen. Darum ist die Verbindung zwischen Vorderreifen und Boden unsere wichtigste Kontaktstelle. Umso wichtiger ist es, diese Stelle im Auge zu behalten. Verschmutzungen auf der Straße, Schäden oder Unebenheiten im Belag oder

Witterungseinflüsse können die Bodenhaftung negativ beeinflussen.

Gerade dann wird die Grenze der Haftreibung stark herab gesetzt und kündigt sich auch nicht mehr so klar an. Ein Überbremsen mit blockierendem Vorderrad ist früher möglich und wahrscheinlich. Darauf müsst ihr vorbereitet sein.

Wenn das Vorderrad plötzlich nicht mehr hält und blockiert, kommt es darauf an, wie ihr gerade zur Bremsrichtung fahrt. Wenn ihr ganz gerade fahrt, könnt ihr ein blockierendes Rad noch am ehesten abfangen. Drückt sofort eure Knie fest an den Tank und haltet den Lenker ganz fest. Lasst die Vorderradbremse sofort kurzzeitig los und bremst dann mit der Hinterradbremse weiter.

ABS – Anti-Blockier-System

Ihr erinnert euch an die Kurve mit der Handkraftverteilung beim Bremsen? Ein ABS hilft euch bei dieser Kurve, den Bereich (4) optimal zu bewältigen. Sensoren an den Rädern verfolgen den Bremsvorgang permanent und greifen ein, wenn eines davon zum Blockieren neigt. Wenn der Druck am Bremshebel nicht nachlässt und die Reifen zu Blockieren rohen, erkennt dies das ABS und schreitet ein. Sofort wird der Druck in der Bremsleitung verringert. Im Anschluss erhöhen sehr Servomotoren den Druck im System wieder bis kurz vor der Blockiergrenze.

Das ABS kann nahe dem Grenzbereich wesentlich schneller reagieren und feiner Dosieren als es uns möglich ist. Mit einem ABS können also Vollbremsungen am Limit durchgeführt werden, ohne dass ihr euch darauf konzentrieren müsst. Ihr habt dadurch mehr Zeit euch auf die Situation und einen möglichen Ausweichweg einzustellen – ein Sicherheitsgewinn in zwei Bereichen also.

EMPFEHLUNG: ABS

Wenn es bei eurem zum Kauf anstehenden Wunschmodell die Option ABS gibt, dann solltet ihr euch für dieses Zusatzfeature entscheiden.
Die zusätzliche Sicherheit kann aber bei manchen Fahrern dazu führen, bewusst im Grenzbereich zu fahren. Die Gefahr des ABS ist also das Ausreizen der Situation. Wenn ihr nicht bewusst mit Hilfe des ABS bremst sondern es als Notreserve nutzt, behält es seinen Sinn.

Übungen

Um das Gefühl für die Vorderradbremse zu verbessern und um im Blockierfall richtig zu reagieren, gibt es eine einfache und effektive Übung. Diese Übung macht ihr am besten auf einer Wiese. Dort ist die Haftreibung minimal und wenn man umkippt, tut es nicht so weh bzw. geht nicht so viel kaputt wie auf einem harten Untergrund.

Auf dieser Wiese fahrt ihr zunächst im Schritttempo geradeaus. Dann betätigt ihr langsam die Vorderradbremse und erhöht gleichzeitig das Gas so, dass die Geschwindigkeit gleich bleibt. Das ist nicht so ganz leicht, aber mit etwas Übung wird euch das gelingen. Die Bremskraft erhöht ihr nun mehr und mehr, bis das Rad vorne zu rutschen beginnt.

Die Übung besteht, darin auf das Rutschen des Rades sofort zu reagieren, indem ihr die Bremskraft nachlasst. In der nächsten Stufe der Übung könnt ihr versuchen, das Rad möglichst lange rutschen zu lassen. Dabei müsst ihr das seitliche Ausbrechen ausgleichen.

Dieser Fahrer konnte seine Fahrlinie in der Kurve nicht halten und zwingt das Motorrad durch Drücken in die Schräglage zurück zur Fahrlinie.

Um diese Übung machen zu können, setzt ihr euch wieder aufrecht und drückt beide Knie an den Tank. Der Lenker sollte wie immer nicht belastet werden. Diese Übung könnt ihr auch im Stehen durchführen, ihr werdet sehen, dass es so wahrscheinlich leichter geht.

BLOCKIEREN ÜBEN

Für das Motorradfahren im Allgemeinen ist diese Übung am wertvollsten. Ihr lernt euer Motorrad, ein ausbrechendes Vorderrad und das Abfangen im Grenzbereich kennen. Wenn es geht, solltet ihr diese Übung zum Saisonbeginn durchführen.

Verhalten in kritischen Situationen

Korrigieren durch Körpereinsatz

Manchmal läuft es nicht so wie es soll. Aus verschiedenen Gründen kommen wir von der ursprünglichen Fahrlinie ab. In dieser Situation heißt es Korrigieren. Das Motorrad ist möglichst rasch wieder in die richtige Bahn zu bringen. Wenn das Motorrad noch nicht weit von der Fahrlinie weg ist, könnt ihr es mit einfachen Mitteln wie Druck auf die entsprechende Fußraste oder Zug am Lenker zurück bewegen.

LENKER

Wenn ihr das rechte Lenkerende etwas von euch weg drückt, fährt das Motorrad nach links. Anders herum, wenn ihr am gleichen Ende etwas zu euch zieht, lenkt das Motorrad mehr nach rechts ein. So könnt ihr mit nur einer Seite einfach lenken.

Tipp für Könner
Driften

Beim Supermoto gibt es wie beim normalen Motorradfahren ebenfalls Herausforderungen. So wie das Rastenkratzen in Kurven beim Motorradfahren ist das Driften beim Supermoto recht anspruchsvoll.
Einige riskieren Kopf und Kragen, da sie eine falsche Vorstellung von den Abläufen des Driftens haben. Darum gleich vorweg: Driften hat nichts damit zu tun, das Hinterrad über die Bremse zum Rutschen zu bringen. So einfach ist es nicht.
Beim Driften kommt es darauf an, wirklich stark mit der Vorderradbremse zu bremsen – und zwar so stark, dass das Hinterrad kaum noch belastet wird. Um zu driften wird niemals die Fußbremse, sondern die Kupplung verwendet. Beim gerade beschriebenen starken Bremsen schaltet ihr einfach ein bis zwei Gänge runter und lasst die Kupplung schnell kommen, aber nicht ganz, sondern nur bis die Kraftübertragung an die Kupplung beginnt.
In dem Moment setzt die Motorbremse ein und verlangsamt die Umdrehungsgeschwindigkeit des Hinterrades. Würdet ihr die Kupplung ganz loslassen, führte das dazu, dass die Motorbremse voll auf das Hinterrad geht und es zum Stempeln bringt.
Gefahrenpunkt Hinterradbremse: Die Hinterradbremse braucht ihr wie gesagt beim Driften nicht. Wenn ihr es dennoch versucht, riskiert ihr ein blockierendes Rad, welches die Maschine quer kommen lässt. Ein so genannter High-Sider ist wahrscheinlich – zusammen mit den typischen Verletzungen wie Prellungen, Knochenbrüchen sowie einer kaputten Fahrerausstattung und Motorradteilen.
Übt das Spiel mit der Kupplung beim starken Bremsen nur (!) mit der Vorderradbremse, dann kommt das Driften von ganz alleine.

Bei einer größeren Abweichung sind dagegen wirkungsvollere Maßnahmen nötig. Da reicht es nicht mehr aus, nur am Lenkerende zu drücken oder zu ziehen. Hier wird voller Körpereinsatz gefordert. Nachfolgend habe ich euch eine kleine Zusammenfassung möglicher Probleme und deren Abhilfe erstellt.

Wenn das Motorrad zum Kurvenäußeren wegfährt

- Den Lenker mit beiden Armen näher zum Boden drücken, um die Schräglage zu erhöhen
- etwas vom Gas gehen
- Oberkörper nach hinten neigen

Wenn das Motorrad zum Kurveninneren zufährt

- mehr Gas geben
- gleichzeitig den Lenker hoch ziehen
- Oberkörper nach vorne neigen

Wenn die Schräglage instabil wird

- den Oberkörper etwas im Schulterbereich drehen und nach vorne oder hinten neigen, je nachdem

Wenn es brenzlig wird, kann man durch gezielten Körpereinsatz das Gleichgewicht wieder herstellen.

in welche Richtung das Motorrad weg will, müsst ihr unbedingt in die entgegengesetzte Richtung arbeiten

Überwindung zum Gasgeben

Hier kommt wieder ein sehr wichtiges aber schwieriges Thema. Die Überwindung zum Gasgeben in kritischen Situationen. Das klingt paradox und unsere Reflexe reagieren auch genau entgegesetzt, aber es kann euch retten.

Ein Beispiel: Ihr fahrt auf einer kurvigen Strecke und in einer der Kurven beginnt euer Hinterrad plötzlich nach außen auszubrechen. Möglicherweise ist eine Verschmutzung auf dem Asphalt die Ursache. Egal, auf jeden Fall bekommt ihr einen tierischen Schreck und Adrenalinschub. Eure Reflexe versuchen, das Motorrad durch verringern der Geschwindigkeit und Gewichtsverlagerungen wieder zu kontrollieren. Das wird wahrscheinlich nichts helfen und ihr stürzt dennoch.

Warum ist das so? Ein ausbrechendes Hinterrad bewegt sich gegenüber dem Vorderrad schneller

In kritischen Situationen Gas zu geben rettet meist vor einem Sturz. Der Fahrer hat in dieser Situation nur durch kräftiges Gasgeben die Chance, einen unvermeidlichen Sturz zu vermeiden.

nach vorne und geht eigene Wege. Wenn ihr in dieser Situation bremst, lasst ihr das Hinterrad gegenüber dem Vorderrad noch schneller werden und die Katastrophe nimmt ihren Lauf. Wenn ihr hier stattdessen ordentlich Gas gebt, könnt ihr einen Sturz verhindern. Das klingt auch wieder paradox, aber durch das Gasgeben schiebt ihr das Motorrad mit dem Hinterrad an und bringt beide Räder wieder auf eine Linie. Vergesst hierbei auf keinen Fall, den größtmöglichen Druck auf die kurvenäußere Fußraste auszuüben.

Dieses Phänomen ist auch bei rutschenden Rädern in schnell oder eng gefahrenen Kurven wirksam. Wenn ihr merkt, dass die Haftreibung eines der Räder in der Kurve nachlässt, hilft das Gasgeben meist, die Haftung wieder herzustellen.

Das Retten der Situation durch starkes Gasgeben widerspricht unseren Reflexen, deshalb solltet ihr es trainieren. Das kann eine längere Zeit in Anspruch nehmen und muss immer wieder geübt werden. Hier bietet sich wieder das Training mit Supermotos an.

GASGEBEN

Das Gasgeben hat zudem einen positiven Einfluss auf das Fahrwerk. Der hintere Dämpfer wird dabei entlastet und kann besser arbeiten.

Falls es mal schief geht

Manchmal lässt es sich einfach nicht vermeiden und unsere schlimmsten Befürchtungen realisieren sich durch einen Sturz. Aber selbst hier habt ihr noch einige Möglichkeiten, das Geschehen zu beeinflussen.

Wenn ihr stürzt, habt ihr scheinbar viel Zeit, denn das Erlebnis läuft gedanklich wie in Zeitlupe ab. Es ist erstaunlich, wie viele Gedanken einem in dieser extrem kurzen Zeit durch den Kopf schießen: Was habe ich mir gerade weh getan? Wo rutsche ich hin? Wo befindet sich mein Motorrad und in welche Richtung rutscht es? Wie werden die anderen Verkehrsteilnehmer reagieren? Bis hin zu den banalen Dingen wie: Jetzt sind die neuen Koffer auch schon wieder kaputt! Wie viel Geld wird mich die Reparatur wohl kosten? Wenn ihr in dieser Situation einen Sozius an Bord hattet, kreisen die Gedanken vor allem um ihn.

Doch in all dem Gewirr aus Fragen, Befürchtungen und Sorgen müsst ihr versuchen, den Mo-

Der Albtraum – ein Abflug während der Fahrt. Doch selbst bei einem Sturz können wir durch die richtige Falltechnik noch Einfluss auf die Situation nehmen.

ment bestmöglich zum Guten zu verändern. Je nach Situation müsst ihr erst einmal versuchen euch selbst zu retten, bis ihr zum Stillstand gekommen seid. Trennt euch so schnell wie möglich von eurem Motorrad. Versucht nicht, euch mit den Händen oder Beinen irgendwo abzustützen, sondern streckt euch aus und lasst euch auf Bauch oder Rücken ausrutschen. Dabei treten Kräfte auf, die ihr nicht kontrollieren könnt. Schwere Knochenverletzungen sind meist das Ergebnis.

Besser ist es immer, die Extremitäten möglichst nach oben zu halten. Eine Gewichtsverlagerung kann beim Rutschen zu einer gewünschten Richtungsänderung führen. Versucht die Auflagefläche beim Rutschen möglichst groß zu halten um schneller zum Stillstand zu kommen.

Wenn ihr zum liegen gekommen seid, wird euer Körper erst einmal einen Systemcheck durchführen, um die Schäden festzustellen. Unter Umständen werdet ihr größere Verletzungen erst mal gar nicht bemerken. Lasst euch selbst etwas Zeit um die Situation zu verarbeiten und rennt nicht gleich zum Partner oder dem Motorrad. Erst wenn ihr sicher gehen könnt, solltet ihr euch zuerst um euren Sozius kümmern und zuletzt das Motorrad aufsuchen. Lasst euch von anderen helfen, wenn Hilfe angeboten wird. In jedem Fall solltet ihr nach einem Sturz den dritten Teil dieses Buches beherzigen.

Wenn man nicht mehr weiter kommt

Gemeint sind hier Situationen, bei denen ihr eine geistige Blockade habt, in Angst oder Panik seid und

keine rationale Lösung des Problems finden könnt. Nicht wie auf dem Bild oben, sondern in weit weniger spektakulären Situationen, wenn ihr mit einer unscheinbaren Situation schlicht überfordert seid. Das kann passieren wenn die Situation fremd ist, das Motorrad nicht mehr bewegt werden kann oder ihr nicht mehr wisst was ihr machen müsst. Ein paar Beispiele zeigen kurz, wie schnell solche unüberwindlichen Situationen entstehen können:

So macht ihr es nicht richtig: Das Motorrad sollte nur am unteren Lenkerende mit beiden Händen und geradem Rücken hoch gehoben werden. Lenker vorher so drehen, dass der untere Griff möglichst weit nach vorne zeigt.

- Bei einer Fahrt durch die Alpen entdeckt ihr einen viel versprechenden Seitenweg, der euch neugierig macht. Ihr fahrt hinein und genießt die Ruhe und die Landschaft. Mit der Zeit verändert sich die Bodenbeschaffenheit und es wird immer schlechter zu fahren. Mittlerweile befinden sich schon größere Löcher im Boden und der Weg wird immer enger. Bei einer Kurve rutscht euch das Vorderrad etwas weg, ihr könnt aber das Motorrad kontrollieren. Nach mehreren Kilometern ist der Weg so schlecht, dass ihr euch nicht mehr traut weiter zu fahren. Ans Umkehren ist nicht zu denken, denn alles wieder zurück fahren zu müssen bereitet euch zu viel Angst.
- Der Traum, mit dem Motorrad in den Urlaub zu fahren wird endlich umgesetzt. Schwer beladen fahrt ihr zum fernen Ziel. Im fremden Land ist alles anders. Der Verkehr ist chaotisch, die Straßen in einem ausgesprochen miserablen Zustand und Absicherungen scheinbar unbekannt. Auf einer kleinen verwinkelten Dorfstraße kommt euch ein Lastwagen entgegen und ihr versucht Platz zu machen. Dabei habt ihr das Gepäck vergessen und könnt das Motorrad nicht mehr halten. Es rollt noch ein Stück von der Straße und kommt kurz vor einem Graben zum Stehen. Eure Knie fangen plötzlich fürchterlich zu zittern an, die Arme verkrampfen sich und ihr könnt nicht mehr absteigen.
- Bei einer steilen Auffahrt müsst ihr unerwartet anhalten. Das gelingt auch vorbildlich. Doch leider ist die Steigung so groß, dass ihr es euch nicht zutraut, die Bremsen zu lösen. Nach wenigen Augenblicken fällt es euch immer schwerer ans Weiterfahren zu denken und wisst nicht mehr wie ihr losfahren sollt. Theoretisch wäre es euch schon klar wie, aber in diesem Moment ist das Wissen nicht abrufbar.

Manchmal kommen wir auch mit dem Motorrad nicht weiter. Das muss aber nicht immer durch ungünstige äußere Umstände sein, sondern liegt in den meisten Fällen an uns selbst.

Es gibt noch zahllose Beispiele. Ich wollte euch nur verdeutlichen, dass es überall passieren kann und selbst banale Situationen zum Problem werden können. Die Leidtragenden sind meistens die weiblichen Partner die selbst auf einem Motorrad versuchen, ihrem fahrtechnisch besseren oder auch nur mutigeren Partner zu folgen. Beim Versuch am Partner dran zu bleiben setzen sie sich dadurch öfter über ihre inneren Grenzen hinweg.

Tipp für die selbst fahrende Partnerin: Lasst euch nicht unter Druck setzen. Euer Partner muss auf euch Rücksicht nehmen, wenn er besser und schneller fährt. Wenn ihr mit einer Situation überfordert seid, haltet sofort an und fahrt nicht weiter. Euer Partner muss erkennen, dass es ein Problem gibt und euch helfen, es zu lösen.

Hinweis für den voraus fahrenden Partner: Probleme können nur durch Verarbeitung gelöst werden! Zwanghafte Handlungen führen nur zu mehr Ängsten und irgendwann zum Verweigern. Motorradfahren macht so keinen Sinn mehr. Stärke zeigen heißt, Verständnis haben und zu helfen. Druck auszuüben ist der völlig falsche Ansatz.

In einer Situation, in der ihr entweder eine psychologische Blockade, Panik oder einfach nur Angst habt, solltet ihr erst einmal stehen bleiben und die Situation analysieren. Oft ist es hilfreich, einen anderen Motorradfahrer in die Situation mit einzubeziehen um gemeinsam an einer Lösung zu arbeiten.

Ist der Fall eingetreten, dass ihr mit dem Motorrad nicht mehr vor oder zurück kommt, macht es Sinn abzusteigen. Erlaubt es das Gelände, solltet ihr versuchen, durch Rangieren die Maschine zu befreien. Doch bedenkt: Gerade in diesen schwierigen Situationen verlässt euch schnell die Kraft und Feinmotorik. Unter Adrenalin reagiert ihr anders und könnt teilweise nicht mehr rational denken – nun heißt es Ruhe finden und beruhigen.

Tritt das Problem häufig in gleichen Situationen auf, solltet ihr diese Situation gezielt durch Trainieren verarbeiten.

Trainieren im Grenzbereich

Hier sind wir beim schwierigsten Teil des Motorradfahrens angekommen. An dieser Stelle haben wir unsere Grenzen des eigenen Fahrkönnens erreicht und müssen nu versuchen, diese Grenzen zu erweitern. Dieses Training erfordert permanent die Überwindung von Ängsten. Zudem ist hier das Risiko von Stürzen am höchsten. Wenn man das berücksichtigt und sich entsprechend darauf vorbereitet, ist das aber schaffbar.

Das Hinzuziehen eines anderen Motorradfahrers, der die zu übende Situation kennt und sie beherrscht, ist sehr empfehlenswert. Zu zweit kommt man der Lösung am schnellsten nahe. Eventuell macht es auch Sinn, in einem prfessionellen Training diese Situation zu üben und sich erklären zu lassen. Adressen von solchen Training-Veranstaltern sind im Anhang des Buches zu finden.

Trainiert werden sollte nur unter Idealbedingungen. Es nutzt nichts, sich noch zusätzliche Widrigkeiten anzutun, wenn man versucht, ein Problem zu beheben. Wer sich mit dem Motorrad trotz Bemühungen nicht leichter tut, sollte überlegen, ob das Motorrad für ihn geeignet ist. Ein Versuch auf einem anderen (vielleicht kleineren und leichteren) Motorrad kann hier ein wahrer Augenöffner sein.

Übungen wie die Kurvenfahrtechnik in diesem Beispiel sollten nur auf abgesperrten Flächen durchgeführt werden.

Abstellen und Sichern des Motorrades

Das Abstellen eines Motorrades hat vielleicht nicht viel mit Fahrtechnik zu tun, wohl aber mit der Technik, ein Motorrad im Stand zu bewegen. Hier wird kurz erklärt, wie ihr mit der richtigen Technik das Motorrad auch ohne Motorkraft bewegen könnt. Das ist nicht nur gut um das Motorrad abzustellen, sondern auch, wenn ihr das Motorrad während der Fahrt rangieren wollt.

Richtiges Abstellen

Wenn ihr neben dem Motorrad steht, müsst ihr es balancieren. So lange ihr es nicht bewegen wollt, ist das einfach. Schwieriger wird es beim Abstellen beziehungsweise beim Hinstellen auf den Ständer. Euer Schwerpunkt sollte dabei möglichst nicht zu nahe am Motorradschwerpunkt sein, um mehr Kraft ausüben zu können. Wenn ihr zu dicht am Motorrad steht, ist eure Hebelwirkung auf das Motorrad geringer und ihr müsst mehr Kraft aufwenden. Haltet das Motorrad wie auf den beiden nächsten Bildern mit einer Hand am Lenker und der anderen an der Sitzbank. Die Hand am Lenker stabilisiert und führt das Motorrad und kann es zu euch herziehen, wenn es nötig ist. Die Hand an der Sitzbank schiebt das Motorrad und kann es von euch weg drücken.

Nachdem der Seitenständer mit dem rechten Fuß ausgeklappt wurde, drückt die rechte Hand das Motorrad über die Sitzbank nach hinten und ihr lasst das Motorrad dabei langsam zu euch kippen.

So wird das Motorrad richtig auf dem Seitenständer abgestellt.

Der rechte Fuß bleibt hinter dem Seitenständer stehen um ein versehentliches Einklappen zu vermeiden. Erst wenn das Motorrad mit dem ganzen Gewicht auf dem Seitenständer steht, könnt ihr es los lassen und durch das Drehen des Lenkers nach rechts weiter stabilisieren.

Wenn ihr vor dem Abstellen einen Gang einlegt, erhöht ihr die Standsicherheit. Dabei müsst ihr beim Rangieren natürlich den Hebel der Kupplung ziehen, der sich aber glücklicherweise auf der linken Seite befindet.

Es ist eine gute Übung, das Motorrad mit der gerade beschriebenen Haltung mehrere Meter rückwärts zu rangieren. Eine weitere gute Übung ist das Rangieren, wenn ihr auf der rechten Seite des Motorrades steht. Ihr werdet merken, dass es so viel schwieriger ist, ihr eure Motorik so aber gut trainieren könnt.

Haupt- oder Seitenständer benutzen?

Manche Motorräder besitzen nur einen Seitenständer, andere zusätzlich noch einen Hauptständer. So ein Hauptständer lässt sich an vielen Modellen nachrüsten und bietet einige Vorteile:

- Das Motorrad steht sehr stabil, auch wenn der Untergrund nicht ganz eben ist
- Das Fahrwerk und die Reifen werden entlastet
- Ideal zum Abstellen für einen längeren Zeitraum
- Das Beladen ist damit einfacher und sicherer

Das Aufstellen des Motorrades auf den Hauptständer hängt sehr von dessen Konstruktion ab. An ihm ist ein Ausleger befestigt, auf den der Fuß Druck ausüben kann um das Motorrad aus den Federn und über den Kipppunkt zu heben. Wenn dieser Ausleger zu kurz ist, funktioniert es nicht. Es ist ein gewisser

Die Haltepunkte sollten weit auseinander liegen und der Abstand zum Motorrad ca. 30 Zentimeter betragen.

Hebel nötig, um den Druck überhaupt in Bewegung umzusetzen.

Ihr steht wie oben beschrieben neben dem Motorrad und bringt den Hauptständer mit dem rechten Fuß nach unten bis zum Boden. Dann positioniert ihr euren Fuß auf den Ausleger. Das Aufbocken auf den Hauptständer erfolgt durch den Schwung mehrerer gleichzeitig ausgeführter Bewegungen:

- die rechte Hand zieht das Heck kräftig an einer geeigneten Stelle nach oben und hinten
- die linke Hand zieht den nach links eingeschlagenen Lenker kräftig nach hinten
- ihr bringt möglichst viel eures eigenen Gewichtes auf den Ausleger

Je nach Bodenbeschaffenheit, Gefälle oder Steigung und Beladungszustand ist zu entscheiden: Seiten- oder Hauptständer?

- ihr folgt mit dem Körpergewicht der Bewegung der rechten Hand nach oben und hinten (dies erleichtert besonders leichten und nicht so kräftigen Personen das Aufbocken)

Je schwerer das Motorrad beladen ist, umso fester müsst ihr ziehen und Druck auf den Ausleger bringen.

AUFBOCKEN

Das Aufbocken ist nicht so ganz einfach und sollte gut geübt sein. Ein umfallendes Motorrad kann nicht nur euch verletzen, sondern auch andere. Ihr seid verantwortlich für die Benutzung eures Motorrades, also müsst ihr es auch sicher beherrschen.

Fahren zu Zweit auf einem Motorrad

Beim Fahren zu Zweit auf dem Motorrad treten durch die Bewegungen des Sozius andere Reaktionen während der Fahrt auf. Selbst kleinste Aktionen können einen Einfluss auf das Motorrad haben. Die nächsten Zeilen fassen kurz zusammen, was grundsätzlich zu beachten ist.

Aus der Sicht des Fahrers

Eines ist ganz klar, der Fahrer hat bei der Fahrt mit einem Sozius deutlich mehr zu arbeiten. Vor allem bei langsamen Geschwindigkeiten macht sich das Zusatzgewicht bemerkbar. Je weniger stabil der Sozius auf dem Motorrad sitzt, um so schwieriger wird es für den Fahrer. Ständig muss er damit rechnen, dass sich der Sozius ungünstig bewegt und dadurch das Fahrverhalten des Motorrades negativ beeinflusst. Das Halten der Fahrlinie kann dabei zur Herausforderung werden. Umso wichtiger ist es, dass der Fahrer mit einem guten Knieschluss und einer aufrechten Haltung die Kontrolle behält.

Beim Beschleunigen ist der nach hinten verlagerte Gesamtschwerpunkt zu berücksichtigen, der das Vorderrad weniger belastet und bei zu hoher Beschleunigung auch zum Abheben bringt. Der Sozius kann in dieser Situation falsch reagieren und im schlimmsten Fall vom Motorrad fallen.

Wenn plötzlich gebremst werden muss, ist auch das Gewicht des Sozius aufzufangen. Der erkennt die Situation meistens nicht und reagiert daher auch nicht. Der Bremsweg ist durch das höhere Gesamtgewicht auf jeden Fall länger als bei einer Solofahrt. Der Bremspunkt ist also früher zu setzen.

Aus der Sicht des Sozius

Als Sozius auf dem Motorrad mitzufahren ist für viele ein Genuss. Doch bevor es losgeht, sind die ersten Hürden zu nehmen. Als schwierig gestaltet sich häufig bereits das Aufsteigen auf das Motorrad bzw. später das Absteigen. Falsches Auf- und Absteigen kann den Fahrer sogar überfordern und das Motorrad zum Umkippen bringen. Doch wie macht man es richtig?

- Der Fahrer steht mit dem Motorrad unter sich fest auf beiden Beinen mit den Händen am Lenker
- Der Sozius steigt von der linken Seite aus auf
- Zuerst legt der Sozius seine linke Hand auf die linke Schulter des Fahrers
- Danach setzt der Sozius den linken Fuß auf die linke Soziusfußraste und steigt so auf
- Beim Aufsteigen sollte der Sozius die rechte Hand auf die rechte Schulter des Fahrers legen
- Das rechte Bein des Sozius führt dieser angewinkelt über das Heck auf die rechte Seite des Motorrades zur rechten Soziusfußraste
- Erst wenn beide Füße auf den entsprechenden Soziusfußrasten stehen, setzt sich der Sozius auf das Motorrad

Das Absteigen erfolgt genauso in der umgekehrten Reihenfolge.

Beim Fahren ist es besonders wichtig, dass der Sozius den Oberkörper immer in der gleichen Lage wie der Fahrer behält. Wenn die beiden Oberkörper in einem größeren Winkel zueinander stehen, wirkt sich das auf das Fahrverhalten des Motorrades aus und kann den Fahrer – und damit auch den Sozius – in Schwierigkeiten bringen.

Die schlimmsten Fehler, die ein Sozius machen kann

Als Sozius kann man wesentlichen Einfluss auf das Motorrad während der Fahrt ausüben – und dies sowohl im positiven, als auch im negativen Sinn. Nicht immer weiß ein Sozius das und sollte des-

Das Fahren zu zweit erfordert von Fahrer und Sozius höchste Aufmerksamkeit.

halb vor der Fahrt auf dem Motorrad über mögliche Probleme informiert werden. Die schlimmsten Fehler, die ein Sozius während einer Fahrt machen kann sind:

- in der Kurve den Oberkörper gegen die Schräglage bringen (vermutlich aus Angst vor der Schräglage)
- mit dem Kopf ständig mal links, mal rechts am Kopf des Fahrers vorbei schauen
- sich beim Beschleunigen oder Bremsen nicht festhalten
- die Knie pendeln lassen
- sich übertrieben mit den Armen bewegen
- schlafen

Tipps für das Fahren
Zu Zweit auf einem Motorrad

Das Fahren zu Zweit verbindet. Doch leider nicht in allen Bereichen. Gerade die Kommunikation ist hierbei besonders schwierig.
Durch den Helm und die Nebengeräusche sind Gespräche ohne eine spezielle Sprechanlage kaum möglich. Wer sich keine Sprechanlage leisten kann oder will, kann sich mit Gestiken und anderen Signalen behelfen. Hierbei ist es wichtig, dass sich Fahrer und Sozius vor der Fahrt absprechen.
Es können natürlich noch viele andere individuelle Zeichen vereinbart werden. Der Fahrer sollte dabei aber immer Rücksicht auf die Wünsche des Sozius nehmen und diese befolgen.

Noch besser ist natürlich der Einsatz einer Kommunikationsanlage, mit der sich beide unterhalten können.

Bedeutung	Zeichen
Bitte sofort anhalten.	Fahrer drei mal mit Hand auf Rücken klopfen.
Ich brauche eine Pause.	Fahrer zwei mal auf linken Oberschenkel klopfen.
Etwas stimmt nicht.	Fahrer zwei mal an Schulter klopfen.
Ich möchte links weiter.	Fahrer am linken Oberarm nach unten streifen.
Ich möchte rechts weiter.	Fahrer am rechten Oberarm nach unten streifen.
Mir geht es nicht gut.	Fahrer beidseitig in die Taille drücken.
Bitte die nächste Toilette ansteuern.	Fahrer zwei mal auf rechten Oberschenkel klopfen.
Ich habe Hunger/Durst.	Fahrer zwei mal auf Bauch tippen.
Es ist alles in Ordnung.	Fahrer zwei mal abwechselnd links und rechts auf Oberschenkel klopfen.

Vertrauenssache Soziusfahrt

Als Motorradfahrer übernimmt man eine große Verantwortung wenn ein Sozius mitfährt. Dessen sollte sich der Fahrer immer bewusst sein. Die mitfahrende Person verfügt möglicherweise nicht über das Wissen, wie man sich auf dem Motorrad verhält. Darum ist es nötig, dem Sozius vor der Fahrt die grundlegenden Dinge zu erklären, ihm zu zeigen wo er sich festhalten kann und wie er sich in bestimmten Situationen verhalten soll. Erinnert euch selbst, wie es auf dem Soziusplatz ist.

Der Sozius kann durch falsches Verhalten zwar auf das Fahrverhalten einwirken, das Geschehen bestimmt aber der Fahrer alleine. Der Sozius ist dem Fahrer also ausgeliefert und muss ihm vertrauen. Dieses Vertrauen darf der Fahrer nicht durch übertriebene Manöver, unangepasste Geschwindigkeit oder Ignoranz von Signalen und Gesten des Sozius brechen. Vor allem die Kommunikation zwischen Sozius und Fahrer ist vor der Fahrt abzusprechen.

Fahren mit Gepäck

Das Fahren mit Gepäck verändert auch das Fahrverhalten. Allerdings nicht so gravierend wie die Fahrt mit einem Sozius, weil das Gewicht viel kleiner und nicht beweglich ist. Die Möglichkeiten, Gepäck auf dem Motorrad mitzunehmen, sind zwar sehr begrenzt, es kann aber einiges an Gewicht zusammen kommen. Beladungen von 30 Kilogramm oder mehr sind schnell erreicht.

Reisen mit dem Motorrad gehört zu den besonders schönen Erlebnissen, was hierbei zu beachten ist, findet ihr in diesem Kapitel.

Möglichkeiten zum Transport

Wie verpackt man das Gepäck am besten? Es gibt unendliche Varianten, doch nur wenige, die Sinn machen. Zur Gepäckbeförderung gibt es mittlerweile ja tolle Systeme, die auch Wind und Wetter widerstehen.

Das Optimum um Gegenstände zu transportieren sind dabei aber eindeutig Koffer und Topcase mit entsprechenden Halterungen. Für Gelegenheitsreisen bieten sich Gepäckrollen und Tankrucksäcke an. Der Tankrucksack darf nicht zu schwer beladen sein und den Lenkeinschlag sowie die Sicht nach vorne nicht behindern.

Korrektes Be- und Entladen

Das Gepäck auf einem Motorrad kann dessen Schwerpunkt verschieben. Es ist wichtig, auf eine korrekte Beladung zu achten. Auf jeden Fall muss der Schwerpunkt in der Längsachse des Motorrades bleiben.

Also müsst ihr das Gewicht der Beladung links und rechts gleichmäßig verteilen und schwere Dinge möglichst weit unten verstauen. Die maximal zulässige Beladung von Koffern ist meist sehr gering und schnell überschritten. Ihr solltet im Fahrzeugschein nachlesen, wie viel ihr überhaupt beladen dürft.

Tipps für das Fahren
Mit Gepäck und/oder Sozius

Fahrwerk einstellen und Reifendruck erhöhen
Ein Blick in den Fahrzeugschein sorgt in Bezug auf das zulässige Gesamtgewicht schon einmal für Überraschung. Hier steht, wie schwer das Motorrad samt Beladung maximal sein darf. Zieht man hiervon das Fahrzeuggewicht und das eigene Körpergewicht inklusive Bekleidung ab, bleibt die maximal erlaubte Zuladung. Dieser Wert liegt meist zwischen 50 und 200 Kilogramm, also einem großen Spektrum. Je höher der Wert ist, umso wichtiger sind die notwendigen Änderungen beim Fahrwerk und der Bereifung. Bei der Bereifung liegen meist Angaben des Herstellers vor, welche verschiedene Beladungszustände berücksichtigen. Das Fahrwerk wird jedoch meist vernachlässigt. Einige Hersteller bauen wenigstens verstellbare Dämpfer ein, die leicht einstellbar sind. Ohne eine Anpassung des Fahrwerks an die Beladung, kann dieses schnell überfordert sein und nicht mehr optimal arbeiten, was in kritischen Situationen fatal ausgehen kann. Die Kontrolle des Luftdrucks sollte sowieso zu jedem Tankvorgang gehören.

KOFFER BEFESTIGEN

Die Befestigung schwerer Koffer am Motorrad sollte immer erst auf der linken Seite und dann erst auf der rechten Seite erfolgen, damit das Motorrad nicht umkippt. Das Entladen sollte genau anders herum geschehen.

Sichere Befestigung

Beim Verstauen loser Gepäckstücke wie Gepäckrollen müsst ihr auf sichere und gute Befestigung achten. Am besten nehmt ihr verstellbare Spannriemen (Rokstraps). Diese gibt es zum Beispiel bei Touratech.

Trainieren

So oft wie möglich Fahren und verschiedene Modelle ausprobieren

Wenn ihr an dieser Stelle angekommen seid, habt ihr euch genügend Wissen angelesen, um besser fahren zu können. Das reicht aber nicht, denn das

Mit Freunden trainiert es sich am besten. Hier kann gleichzeitig das Fahren auf unterschiedlichen Motorrädern geübt werden.

Gelesene muss auch ausprobiert und mehrmals wiederholt werden. Ein paar gezielte Übungen wurden bereits genannt, die ihr durchführen solltet. Am besten geht das auf abgesperrten Flächen und zusammen mit Freunden. So könnt ihr euch gegenseitig helfen und beurteilen. Es macht auch Sinn, während des Trainings die Motorräder zu tauschen. Jedes Modell verhält sich ein bisschen anders und ihr lernt gleiche Übungen mit unterschiedlichem Schwierigkeitsgrad. Möglicherweise merkt ihr dabei, dass ein anderes Modell eigentlich besser zu euch passen würde.

Beim Supermoto-Training lassen sich schwierigere Manöver hervorragend üben.

Viele Übungen lassen sich schnell vorbereiten und fast überall durchführen.

Gezielte Fahrtrainings

Nam schnellsten kommt ihr mit einem professionellen Fahrtraining voran. Die Instruktoren haben viel Erfahrung damit, schwierige Techniken zu vermitteln, kennen die Ängste und Probleme der Teilnehmer und können darauf entsprechend eingehen. Mit einem Fahrtraining könnt ihr an einem Wochenende mehr lernen als wenn ihr tagelang alleine übt. Außerdem werden Fehler sofort entdeckt und erklärt. Wenn ihr alleine trainiert besteht die Gefahr, dass ihr euch falsche Techniken aneignet, die später nur schwer wieder umzulernen sind. So gesehen sind die Kosten für ein Training gerecht. Es gibt eine ganze Reihe sehr guter Trainingsangebote. Einen kleinen Auszug davon findet ihr im Anhang.

Offroad und Supermoto als Training

Nachdem ihr ein oder gar mehrere Trainings absolviert habt, könnt ihr das Gelernte noch weiter vertiefen. Dazu eignen sich freie Trainings auf einer Offroad- oder Supermotostrecke. Mit dem entsprechenden Motorrad und der passenden Ausrüstung könnt ihr die Techniken anwenden und deren Schwierigkeitsgrad mit dem Tempo erhöhen.

Fahren im Gelände

Das Fahren im Gelände sehe ich als reizvolle und sportliche Steigerung zum Fahren auf der Straße. Der wechselnde Untergrund ist eine ständige Herausforderung, die meist in herrlicher Landschaft zur körperlichen Anstrengung lockt.

Doch sei auch hier ein kleiner Appell an alle gerichtet, die sich dorthin begeben wollen. Wegen rücksichtslosen Fahrern, die nicht einmal vor den Schönheiten der Natur Respekt haben und diese mit ihren Stollenreifen absichtlich zerstören, wurden bereits sehr viele Strecken gesperrt worden. Viel ist nicht mehr übrig, wo noch legal gefahren werden darf.

Haltet euch bitte an die Regeln und Gesetze, um diese wenigen Strecken auch in Zukunft noch benutzen zu dürfen. Wenn ihr solche Rowdys unterwegs trefft, solltet ihr auf sie zu gehen und sie unbedingt zur Vernunft ermahnen. Gerade in den Bergen dauert es oft Jahrzehnte, bis in der kargen Landschaft wieder etwas wächst. Durch Enduro- und Motocrossfahrer, die sich nicht an die vorhandenen Wege halten und querfeldein fahren werden, empfindliche Pflanzen für lange Zeit zerstört. Das könnt ihr bereits an zahlreichen Stellen erkennen. So ist es kein Wunder, dass Gemeinden und Behörden zur Tat schreiten, immer härter durchgreifen und mehr und mehr Gebiete für diesen Sport sperren.

Was aber ist das faszinierende am Fahren im Gelände? Wer nur auf der Straße sein Motorrad bewegt, kann das schwer nachvollziehen. Im Gelände wird man ständig mit neuen Situationen und Problemen konfrontiert, die es zu lösen gilt. Unterschiedlichste Geländearten erfordern ein gutes Beherrschen des Motorrades. Das Fahren wird nie langweilig. Geländefahren wird auch Endurofahren genannt, was vom Wort „endurance" = Ausdauer hergeleitet wird.

Ausrüstung

Zum Fahren im Gelände sollte man sich mit spezieller Kleidung gegen Verletzungen schützen, denn die Wahrscheinlichkeit zu stürzen oder einfach nur zu fallen ist viel höher als auf der Straße. Es gibt daher besondere Ausrüstungsgegenstände die den Körper schützen. Beim Fahren im Gelände müssen Straßenfahrer etwas umdenken und ihr Outfit noch mehr Richtung Funktionalität als der Optik anpassen. Es kommt nicht nur auf Schönheit sondern vor allem auf den Schutz an.

Protektoren

Die kennt jeder Motorradfahrer. Protektoren werden an den wichtigsten Stellen in die Kleidung integriert. Beim Geländefahren müssen sie allerdings so tragbar sein, dass man sich noch gut bewegen kann. Für diesen Zweck wurden Protektorenhemden entwickelt. Träger der Protektoren ist ein Netzhemd an dem die Schützer angenäht sind. Das Protektorenhemd wird direkt auf der Haut unter allen anderen Kleidern getragen und ist relativ eng geschnitten um ein Verrutschen zu verhindern. Das Protektorenhemd zählt zu den wichtigsten Schutzmaßnahmen.

Als Variante gibt es so genannte Brustpanzer, die überwiegend aus einer harten Plastikschale bestehen. Die bieten zwar nicht dieselbe Bewegungsfreiheit wie Protektorenhemden, schützen aber den

Brustkorb in der Mitte besser weil kein Reißverschluss den Schutz unterbricht. Die Brustpanzer sind in sehr unterschiedlichen Farben erhältlich. Die durchsichtigen Kunststoffe bieten erfahrungsgemäß jedoch nicht die Dauerhaltbarkeit und Elastizität wie normale Kunststoffe.

Weiterhin sind Unterziehhosen mit eingearbeiteten Protektoren zu haben. Die schützen vor allem das Becken. Ein Sturz auf die Hüfte kann sehr lange schmerzhaft sein. So eine Protektorenhose bewahrt davor und sorgt zusammen mit den anderen Schutzbekleidungen für ein besseres Gefühl beim Fahren. Dies erzeugt ein Gefühl der Sicherheit und steigert das Selbstvertrauen. Und ein gutes Selbstvertrauen entspannt und ermöglicht wiederum sicheres Fahren.

Zur Vollständigkeit fehlen noch Knieschützer. Die sollten aus einem harten und belastbaren Material

Gerade bei Fahrten auf unbefestigten Wegen sollte auf Protektoren keinsfalls verzichtet werden. Sie allein tragen dazu bei, im Falle eines Sturzes schwere Verletzungen zu vermeiden.

sein und beim Fahren nicht stören. Mittlerweile gibt es Modelle mit integriertem Gelenk, das die Beinbewegungen mitmacht. Die Knieschützer sollten das Schienbein mit schützen und bis tief in den Stiefel gehen, um während der Fahrt unter allen Umständen fixiert zu bleiben.

Nachdem die Protektoren direkt auf der Haut getragen werden und beim Fahren im Gelände die Anstrengung meist hoch ist, müssen die Schützer regelmäßig gründlich gewaschen werden, damit üble Gerüche und Ablagerungen vermieden werden. In der Regel sind die Protektoren in der Maschine waschbar. Um Ärger zu vermeiden, solltet ihr schon beim Kauf darauf achten, dass man sie einfach reinigen kann.

UNTERWÄSCHE

Gerade durch das Schwitzen entsteht eine hohe Haftung zwischen der Haut und den Protektoren. Deshalb kann die Haut bei einem Sturz sehr schnell einreißen, wenn der Protektor nicht rutschen kann. Um die Beweglichkeit dieses lebenswichtigen Kleidungsstücks zu gewährleisten, sollte unter den Schützern stets eine dünne Unterwäsche aus Synthetik getragen werden.

Bekleidung

Über die Protektoren wird die eigentliche Endurobekleidung getragen. An oberster Stelle steht natürlich der Helm. Der ist meist ohne Visier konstruiert und nur in Verbindung mit einer Endurobrille zu tragen. Der Fahrer kühlt damit besser ab und die Brillen können durch leicht austauschbare Wechselscheiben an verschiedene Licht- und Witterungsverhältnisse angepasst werden. Ein Endurohelm ist gegenüber einem Straßenhelm leichter, aber nicht unbedingt günstiger. Wichtigstes Kaufkriterium sollte neben der optimalen Passform auch die Möglichkeit zum Herausnehmen der Innenpolster sein.

Als weitere Kleidung werden je nach Witterung Shirts, Jacken, Hosen und Handschuhe getragen. Die sind im Gegensatz zur Straßenbekleidung der Motorradfahrer dünner und deshalb leichter zu tragen. Die Handschuhe sollten mit einer Gummierung auf der Handfläche und den Fingern versehen sein, um auch bei Feuchtigkeit immer einen guten Griff zu haben.

Ganz wichtig sind die Stiefel. Der Kontakt zum Boden wird beim Endurofahren zwangsläufig öfter hergestellt, vor allem um einen Gleichgewichtsverlust abzufangen oder beim unfreiwilligen Bodenkontakt. In dieser Situation müssen die Stiefel große Kräfte übertragen und absorbieren können. Eine mehrschichtige Sohle aus widerstandsfähigem Material in rutschfester Ausführung und einem relativ groben Profil sichert den Halt auf unterschiedlichsten Böden.

Orthesen

Das hört sich fast wie Prothesen an. Im Prinzip geht es auch in die Richtung. Orthesen sind unterstützende Apparaturen, die Bewegungen in eine bestimmte Richtung verhindern und somit Körperteile vor Verletzungen schützen sollen. Es sind Hightech-Teile, die an das betreffende Körperteil maßangefertigt werden. Beim Sturz schützen Orthesen vor allem Gelenke vor schädlichen Quer- und Drehbewegungen und übertragen die Kräfte großflächig auf andere weniger empfindliche Körperregionen. Im Enduro-, Motocross- und Supermoto-Sport haben sich Knie-Orthesen am stärksten durchsetzen können. Mit Hilfe dieser Hightech-Schienen wurden schon viele komplizierte Knieverletzungen effektiv verhindert.

Vom dem Körperteil, das die Orthese schützen soll, wird zunächst ein Gipsabdruck angefertigt. Dieser Abdruck dient als Negativform für die Herstellung von Schalen, die später genau auf das Körperteil passen. Diese Schalen bestehen aus sehr stabilen Kunststoffen oder robusten Karbonplatten. Mitunter können solche Orthesen sogar mit Gelenken

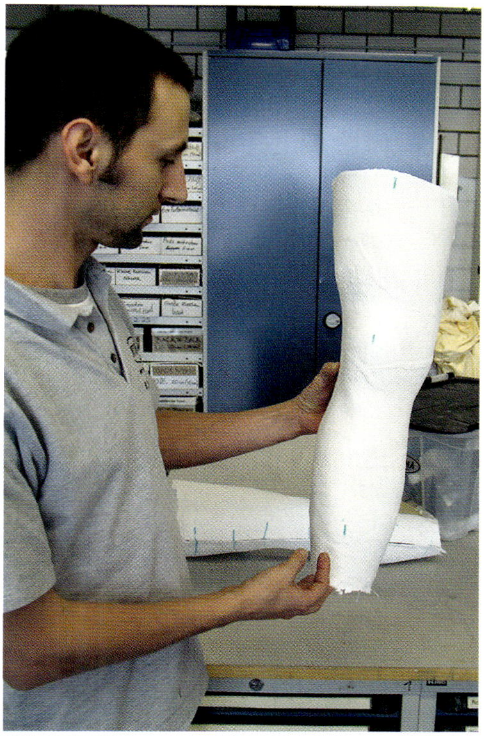

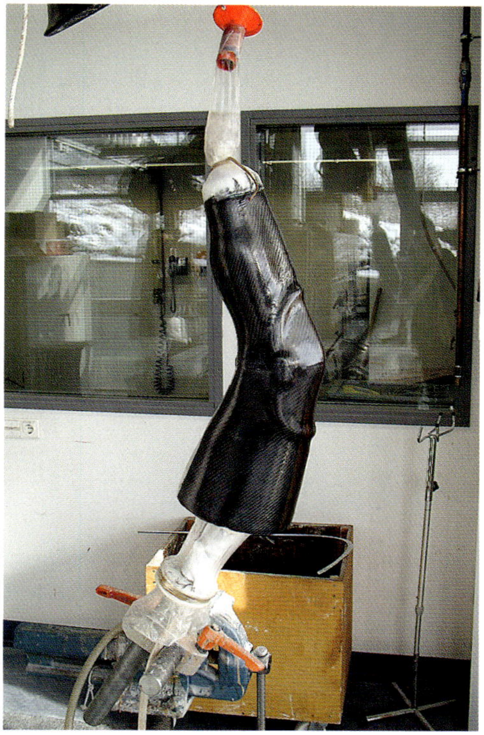

Die Firma Ortema hat sich auf die Herstellung von Orthesen spezialisiert und beliefert Spitzensportler aus der ganzen Welt. Auf einem Gipsabdruck fertigt die Firma maßgeschneiderte Karbon-Orthesen mit Titan-Gelenken.

aus Titan ausgestattet sein. Diese werden sehr präzise bearbeitet, dass sie die Bewegungsfreiheit des Trägers nicht mehr als notwendig einzuschränken. Am bekanntesten sind Knie-Orthesen, die ein Überstrecken oder Verdrehen des Gelenkes im Falle eines Sturzes verhindern. Die Orthese leitet die auf sie einwirkende Kraft auf die Ober- und Unterschenkel, da dieses nach einer Verletzung schneller und einfacher abheilen.

Reifen

Das Gelände kann beim Endurofahren sehr unterschiedlich sein. Für jeden Boden bieten daher die Hersteller unterschiedliche Reifen an. In der Regel sind es Stollenreifen mit speziellen Formen und Gummimischungen. Ähnlich wie herkömmliche Motorradreifen für die Straße ermöglichen auch sie auf dem Asphalt enorme Schräglagen. Ein Vorteil der Enduroreifen ist ihr wesentlich breiterer Grenzbereich. Er ermöglicht es dem Fahrer, auch größere Rutscher noch sicher abzufangen.

Das Thema Reifen ist im Endurosport eine eigene Wissenschaft und nicht zuletzt auch eine Frage der persönlichen Vorlieben. Hier hilft es meist nur, die verschiedensten Reifentypen auszuprobieren, bis man „seinen" Reifen gefunden hat, vor allem weil nicht jedes Motorrad mit den gleichen Reifen auch gleich reagiert.

Außerdem sollte man bedenken, dass Reduzierung des Luftdrucks das Fahrverhalten und die Bodenhaftung mindestens genauso stark verändert, wie die Ausbildung des Profils. Ein Druckprüfer und eine kleine Handpumpe sollten daher bei jeder Tour zur Standardausrüstung zählen.

Fußrasten ohne Gummi

Nun stellt sich die Frage, wofür die Gummis der Fußraste überhaupt da sind? Der Gummi absorbiert zum einen Vibrationen und soll bei Nässe eine bessere Haftreibung zu den Stiefeln herstellen. Im Endurosport, wo sich gerne Schmutz an den Stiefeln ansammelt, funktioniert das nicht. Deshalb sollten die Rasten ohne Gummis gefahren werden, damit sich die Metallzacken durch den Schmutz an die Stiefelsohle vorarbeiten können. Für längere Touren sind verbreiterte Stahlrasten erhältlich, die eine größere Standfläche und damit besseren Tritt bieten.

Trinkrucksack

Der Motor läuft nicht ohne Benzin, das weiß jeder und das wird auch ständig versucht zu verhindern. Auch wir können keine Leistung bringen, wenn wir zu wenig trinken. Ein Problem, denn hier wird oft nichts oder viel zu wenig unternommen. Dazu kommt, dass unser Körper sehr lange Leistung erbringen kann, obwohl zu wenig Flüssigkeit aufgenommen wird. Die Folgen treten zwar zunächst unterschwellig aber doch unaufhaltsam ein. Es beginnt mit steigender Müdigkeit und mit Konzentrationsschwächen. Anschließend können starke Kopfschmerzen und Muskelverkrampfungen auftreten. Bei großen Anstrengungen und Hitze werden zusätzlich noch Mineralien gebraucht. Ideal sind beim Endurofahren Trinkrucksäcke mit einem Schlauch, der auch während der Fahrt eine Flüssigkeitsaufnahme ermöglicht. Außerdem können noch zusätzliche Dinge im Rucksack mitgenommen werden. In Kombination mit Brausetabletten, die dem Körper Mineralien zuführen, sind Trinkrucksäcke nützlich.

TRINKBLASE REINIGEN

Auf jeden Fall ist eine regelmäßige Reinigung und vollständige Trocknung der Trinkblase nötig, damit es innen nicht schimmelt.

Das Motorrad einstellen

Wie wichtig die Einstellungen am Motorrad sind, habt ihr bereits im ersten Teil des Buches lesen können. Für das Fahren im Gelände gilt das noch viel mehr, denn dieses Fahren ist an sich deutlich aktiver und variabler und erfordert wesentlich mehr Körpereinsatz. Deshalb kann es sein, dass hier andere

Einstellungen nötig sind als bei einem normalen Straßenmotorrad.

Lenkerposition

Der Lenker sollte insgesamt höher als bei einem Straßenmotorrad sein, weil im Gelände überwiegend im Stehen gefahren wird. Damit man den Lenker noch gut erreicht und nicht dauernd zu stark gebückt fahren muss, sind Endurolenker höher gelegt. Der Lenker an sich muss auch stabiler sein, um die größeren Kräfte aufnehmen zu können. Stellt euren Endurolenker so ein, dass ihr ihn sowohl im Sitzen als auch im Stehen möglichst bequem erreichen könnt. Die Lenker-Querachse sollte dabei

Die übliche Haltung beim Fahren im Gelände ist stehend.

Durch das Stehen ist der Druck auf die Rasten höher und durch die Höhe kann man die Strecke besser überblicken.

nicht vor der Gabelmitte sein, sondern knapp dahinter. Im Zubehörgeschäft sind Lenkern mit unterschiedlichsten Formen und Kröpfungen für jeden Einsatz und Geschmack erhältlich. Am besten eignen sich jedoch Lenker aus Aluminium. Wenn der Lenker eine Querstange besitzt, muss die auf jeden Fall mit einem Schützer aus Schaumstoff umgeben sein, um den Fahrer beim Sturz nicht zu verletzen.

Hebelei

Wie beim Lenker müsst ihr eure Hebel so einstellen, so dass ihr sie im Sitzen und im Stehen bedienen könnt. Außerdem sollten die Hebel nur so fest am Lenker angeschraubt sein, dass die Armatur mit zwei Händen gerade noch zu verdrehen ist. Das hat den Vorteil, dass sich die Hebel samt Halterung bei einem Sturz mitdrehen können und nicht gleich kaputt gehen. Um die Hebel herum montieren viele Endurofahrer so genannte Handguards. Gerade die Finger werden durch die stabilen Kunststoffschalen um die Griffe sehr gut geschützt.

Beim Endurofahren sind trotz der gerade genannten Vorsichtsmaßnahmen die Hebel am häufigsten Opfer eines Sturzes. Ersatz sollte immer in der Nähe sein. Diese Handguards besitzen allerdings einen tückischen Nachteil.

Geländefahren im Sitzen ist bequemer, birgt aber viele Nachteile in sich.

Wenn es bergab geht, ist das Fahren im Sitzen meist angenehmer.

ÜBERSCHLAG

Solltet ihr mit eurem Motorrad stecken bleiben und über den Lenker nach vorne fallen, ist die Gefahr groß, dass ihr euch beide Hände brecht wenn die Griffe nicht rechtzeitig losgelassen werden. In diesem Fall müsst ihr euch vor dem Überschlag vom Lenker lösen und abstoßen.

Fahrwerk

Hierüber könnte man eine wissenschaftliche Abhandlung schreiben, denn das Fahrwerk einer Enduro ist extrem komplex. Glücklicherweise gibt es hier genügend gute Literatur, um ein Fahrwerk auch im Gelände optimal einzustellen. Es sind andere Federungsverhältnisse als bei Straßenmotorrädern üblich. Durch die größeren Federwege und die geringeren Fahrzeuggewichte gelten eigene Regeln. Das Fahrwerk wird insgesamt recht weich eingestellt, damit kleinere Unebenheiten kompensiert werden. Durch eine Progression der Federn erhöht sich zusätzlich der Widerstand bei harten und festen Schlägen.

Reifendruck

Im Gegensatz zu Straßenmotorrädern ist der Reifendruck bei Enduros niedriger. Teilweise ist er so gering, dass sich der Reifen verformt und fast platt ist. Das ist gewollt, damit die Auflagefläche des Reifens sehr groß wird und mehr Antriebsenergie bzw. Bremskraft auf den Boden übertragen werden kann. Zusätzlich werden häufig so genannte Reifenhalter montiert, die den Reifen auf die Felge klemmen, damit er auch bei niedrigem Druck nicht um die

Richtiges Fahren im kurvigen Gelände: Der Blick ist nach vorne gerichtet, Knie und Ellenbogen angewinkelt und der Oberkörper so abgewinkelt, dass ein Gleichgewicht entsteht.

Tipps
Fahrwerk

Hinweise auf ein falsch eingestelltes hinteres Federbein:

Problem: Unruhiges Fahrzeugheck beim Bremsen und schlechte Traktion in Kurven
Lösung: Federvorspannung hinten weicher einstellen und die Druckstufendämpfung verringern. Eventuell eine Austauschfeder mit niedrigerer Federrate einbauen

Problem: Fahrzeugheck springt bei spitzen Wellen, bei runden nicht
Lösung: Verringern der Druckstufendämpfung

Problem: Fahrzeugheck springt bei spitzen und runden Wellen, außerdem landet das Motorrad beim Springen gerne auf dem Vorderrad
Lösung: Zugstufendämpfung erhöhen

Problem: In welligen Kurven und beim Anbremsen hat das Hinterrad eine schlechte Traktion
Lösung: Zugstufendämpfung verringern

Problem: Das Heck ist unruhig und andere Dämpfereinstellungen haben keine Wirkung
Lösung: Der Dämpfer arbeitet nicht mehr korrekt und muss gewartet werden

Hinweise auf eine falsch eingestelltes vordere Gabelfederung:

Problem: Beim Beschleunigen ist das Vorderrad im Vergleich zum Heck zu tief
Lösung: Gabel 5 mm tiefer in die Gabelbrücke einspannen

Problem: Die Gabel fühlt sich hart an und federt nicht ganz durch, in welligen Kurven hält das Vorderrad schlecht
Lösung: Gabel entlüften, Druckstufe verringern (immer auf beiden Seiten gleich!) und den Ölstand in der Gabel verringern

Problem: Kleine Unebenheiten werden gut kompensiert, im letzten Dritten des Federwegs fühlt sich die Gabel aber hart an
Lösung: Die Gabel ist zu progressiv. Druckstufe und den Ölstand in der Gabel verringern

Problem: Die Gabel schlägt schnell durch und fühlt sich zu weich an
Lösung: Druckstufe erhöhen und mehr Öl in die Gabel füllen (auf beiden Seiten immer die exakt gleiche Höhe!)

Problem: Bei kurz aufeinander folgenden Wellen wird die Gabel immer härter und die Vorderradführung in langen welligen Kurven schlechter
Lösung: Zugstufendämpfung verringern

Problem: Beim Landen nach einem Sprung schlägt der Lenker auf die Handgelenke und die Vorderradführung ist schlecht
Lösung: Zugstufendämpfung erhöhen

Problem: Das Vorderrad fühlt sich beim Einlenken „kippelig" an und lässt sich schlecht dirigieren
Lösung: Gabel 5 Millimeter tiefer in die Gabelbrücke einspannen

Problem: Das Motorrad schiebt in Kurven über das Vorderrad und fühlt sich unhandlich an. Die Front scheint im Vergleich zum Heck zu hoch zu sein
Lösung: Gabel 5 mm höher in die Gabelbrücke einspannen

Felge rutschen kann. Statt der klassischen Schläuche können alternativ auch so genannte Mousse-Ringe eingebaut werden. Durch das Mousse, einem Schaumstoff, kann der Reifen selbst bei den härtesten Beanspruchungen nicht mehr platt werden. Eine Weiterfahrt ist damit stets möglich.

Kette

Durch die harten Bedingungen beim Motorradsport, die eine Kette bewältigen muss, sind viele Variationen hinsichtlich Abdichtung entstanden. Neben die bekannten einfachen Ketten und denen mit O-Ringen, gesellen sich nun solche mit X-Ring, Z-Ring und weitere. Prinzipiell unterscheiden sich die Ketten nur in der Form der Dichtringe. Viel wichtiger ist aber die Angabe der maximalen Zuglast. Hier sind Qualitätsunterschiede im Vorfeld erkennbar. Je höher die Zuglast ist, umso hochwertiger ist die Kette. Die Pflege der Kette ist auch entscheidend über die mögliche Belastbarkeit. Schlecht gepflegte Ketten verschleißen schneller und können reißen. Sollte die Kette einmal reißen, schützt ein Metallbügel zwischen dem vorderen Ritzel und dem Motorgehäuse den Motor vor Beschädigungen. Eine reißende Kette könnte sonst bei voller Fahrt das Motorgehäuse durchschlagen.

Motorschutz

Beim starken Einfedern, nach einem Sprung zum Beispiel, kommt der Motorblock nahe zum Boden. Sollten dort Steine oder Felsen liegen kann es passieren, dass das Motorgehäuse beim Aufprall Schaden nimmt. Um das zu verhindern, gibt es Motorschutzwannen aus Metall, die am Rahmen befestigt werden. Die massiven Wannen übernehmen dann den Erstkontakt. Diese Wannen sind auch bei Schotterfahrten mit Großenduros sehr zu empfehlen.
Zusätzlich können mit angepassten Metallplatten auch die seitlichen Gehäusedeckel des Motors geschützt werden. Gerade wenn das Motorrad während der Fahrt auf die linke Seite fällt, ist die Gefahr hoch, dass der Fußbremshebel das Gehäuse beschädigt. Die Reparatur eines gebrochenen Seitendeckels ist nur sehr schwierig durchzuführen.

Überflüssiges

Damit das Fahren im Gelände weniger mühsam ist, demontieren Fahrer oftmals nicht benötigte Anbauteile mit dem Ziel, das Fahrzeuggewicht zu reduzieren. Andere Bauteile werden zudem abgeschraubt, die bei einem Sturz leicht kaputt gehen würden, beim Fahren im Gelände aber nicht unbedingt gebraucht werden. Als vorrangig zu demontierende Teile gelten Soziusfußrasten, Hauptständer und Spiegel. Andere Teile werden gerne durch leichtere ersetzt.

Grundhaltung

Das Motorradfahren im Gelände unterscheidet sich zu dem auf der Straße im Wesentlichen dadurch, dass die meiste Zeit nicht im Sitzen sondern im Stehen gefahren wird. Das Fahren im Stand ist zwar auf die Dauer anstrengender, der Fahrer kann sich aber besser bewegen und mehr Einfluss auf das Motorrad ausüben.

Stehende Position

Mit einer stehenden Position habt ihr gleich mehrere Vorteile gegen über der sitzenden. Die Gewichtsverlagerung auf die Fußrasten ist stärker und effektiver möglich. Das Motorrad selbst kann sich freier bewegen. Die Verschiebung des Gesamtschwerpunktes gelingt einfacher und mit mehr Wirkung. Außerdem habt ihr durch die höhere Position einen besseren Überblick.

Es gibt auch hier wieder einige Dinge, die zu beachten sind. Grundsätzlich sollten die Füße mög-

An schwierigen Stellen ist das Tempo zu verringern und der Blick möglichst weit nach vorne zu richten, um nicht in unverhofft in eine kritische Lage zu kommen.

lichst dicht am Fahrzeug stehen. Beim stehenden Fahren ist es in manchen Situationen wichtig, einen guten Knieschluss herzustellen. Dazu presst ihr beide Unterschenkel an das Motorrad und die Knie an die Sitzbank. Letztere bleiben immer minimal abgewinkelt und sollten nie durchgestreckt sein, um jederzeit Schläge aufnehmen zu können. Wie in den beiden vorherigen Bildern dargestellt, ist darauf zu achten, dass der Rücken möglichst gerade bleibt und keinen Buckel macht. Sollten die Erschütterungen beim Fahren sehr groß sein, könnte ein abgerundeter Rücken die Bandscheiben belasten. Die Arme werden gerade, aber mit angewinkelten Ellenbogen zum Lenker geführt. Auch und vor allem beim Fahren im Gelände gilt: Keinen Druck oder Zug auf den Lenker ausüben. Ihr müsst den Lenker auch im Gelände jederzeit loslassen können, ohne dass ihr nach vorne oder hinten kippt.

HARTE UNTERARME

Wenn ihr nach ein paar Kilometern im Gelände harte Unterarme bekommt, zieht ihr zu sehr am Lenker. Entweder gleicht ihr mit eurem Oberkörper nicht genügend aus, oder die Motorleistung eures Motorrades ist zu hoch.

Eine gute Übung für den lockeren Halt am Lenker ist das Fahren im Stehen und das Halten des Lenkers mit jeweils nur drei Fingerspitzen – dem Daumen, Zeige- und Ringfinger. Fahrt so erst einmal mit konstanter Geschwindigkeit gerade und leichte Kurven. Wenn ihr mit der Situation etwas vertraut seid, könnt ihr vorsichtig beginnen mit dem Gas zu spielen. Dreht es langsam auf und wieder langsam zu. Beachtet, dass ich euren Oberkörper kurz vor der Gasgriffänderung in die entsprechende Richtung bewegt: kurz vor dem Gaswegnehmen nach hinten und kurz vor dem Gasgeben nach vorne. Je spontaner ihr den Gasgriff verdreht, umso impulsiver müsst ihr euch bewegen. Bei dieser Übung ist es entscheidend, einen guten Knieschluss zu haben.

Diese Übung ist wichtig, weil unsere Arme im Vergleich zum Rest des Körpers verhältnismäßig klein und schwach ausgebildet sind. Am Rumpf und den Beinen befinden sich größere und stärkere Muskeln. Lasst die Arbeit einfach ihnen machen.

Sitzende Position

Bei einer übersichtlichen Passage, wo keine großartigen Geländeänderungen zu erwarten sind, könnt ihr auch im Sitzen fahren. Kleinere Manöver sind bei gutem Knieschluss auch realisierbar.

Folgende Nachteile können auftreten:

- Reagieren auf Geländeänderungen schwieriger wegen geringerer Kraftausübung
- Erschütterungen gelangen über die Sitzbank direkt zum Rücken
- Der Fahrstil ist passiver
- schlechtere Übersicht
- langsamere Reaktion, weil ihr erst aufstehen müsst
- das hintere Federbein ist stärker vorbelastet und kann nicht mehr so gut federn
- die Wahrscheinlichkeit, ein Bein von den Rasten zu nehmen ist größer

Bremsen aus hohen Geschwindigkeiten im Gelände kann mit einem blockierenden Hinterrad gut funktionieren. Auf steinigem Untergrund können Steine sehr weit geschleudert werden - Achtet darauf, wer hinter euch fährt.

STEHEND FAHREN

Gewöhnt euch an, möglichst lange stehend zu fahren um eure Muskeln dafür zu trainieren. Nur wer lange stehen kann, wird ermüdungsarm fahren. Wenn ihr euch setzt, macht das möglichst weit vorne auf der Sitzbank. Für das Stehen benötigt ihr ein wenig Ausdauertraining. Wenn ihr häufiger im Gelände fahren wollt, empfiehlt es sich ein wenig Ausdauersport wie z. B. Jogging zu betreiben.

Körperhaltung

Endurofahren verlangt den Einsatz jeder Faser unseres Körpers. In jeder Situation werden viele Muskeln angestrengt, die wir im Alltag kaum gebrauchen. Ein Training dieser Muskeln kann helfen, das Fahren zu verbessern. Ihr erinnert euch? „endurance“ = Ausdauer. Das gilt nicht nur für eine Enduro, sondern auch für dessen Pilotin oder Piloten.

Mehr noch als auf der Straße, entscheidet im Gelände der gedanklich im voraus geplante Weg über das Gelingen. Hier gilt es, großen Steinen vorausschauend auszuweichen. Unter solchen Bedingungen hilft eine bedachte Fahrweise.

Mit der richtigen Körperhaltung können selbst schwere Enduros schnell und sicher im Gelände gefahren werden. So ein großes Motorrad solltet ihr aber erst im Gelände bewegen, wenn ihr mit der Fahrtechnik auf kleineren Modellen geübt habt und damit vertraut seid.

Gelände erkennen

Mehr noch als auf der Straße entscheidet im Gelände eine vorausschauende Fahrweise über das Vorankommen. Auf der vor euch liegenden Strecke sind extrem viele Details zu beobachten, was die Sichtweite, abhängig von der Geschwindigkeit, deutlich reduzieren kann. Wenn es unübersichtlich wird solltet ihr langsamer fahren oder ihr müsst mehr Risiko in Kauf nehmen.

WARNUNG
Geschwindigkeit bringt Unsicherheit

Beim Motocross ist das ganz anders, weil die Fahrer dort immer auf der selben Strecke im Kreis fahren. Die Strecke ändert sich also nicht. Beim Endurofahren können hinter jeder Kurve andere Probleme auftauchen.

Es kommt auch darauf an, das Vorderrad gezielt Meter für Meter auf der richtigen Fahrlinie zu führen. Die Fahrlinie kann sich im Gegensatz zur Straßenfahrt laufend ändern. Das liegt daran, dass manche Stellen erst kurz vor Erreichen genauer analysiert werden können.

Die Situation in der Abbildung auf S. 110 scheint im ersten Moment harmlos zu sein. Nachdem es aber relativ steil bergab geht und die Steine auf dem Weg unterschiedlich groß und locker sind, kann der Fahrer nur langsam mit gezogenen Bremsen hinab fahren und versuchen, den Brocken auszuweichen.

Das Fahren bergab ist beim Endurofahren eher einfacher, wenn man sich zum entsprechenden Bremsen überwinden kann.

Bremsen

Das Bremsen im Gelände kann zur besonderen Herausforderung werden. Der Untergrund bietet meist inhomogene und vor allem instabile Verhältnisse, die den Rädern stark wechselnden Halt bieten. Der Halt ist in der Regel dabei gering. Umso mehr kommt es darauf an, unter allen Umständen richtig und rechtzeitig zu bremsen. Doch wie bremst man die Maschine im Gelände richtig ab?

BODENVERHÄLTNISSE ERKENNEN
Je genauer ihr die Bodenverhältnisse und deren mögliche Hafteigenschaften erkennt, umso besser werdet ihr bremsen können.

Auf unbefestigtem Untergrund könnt ihr häufig sogar stärker bremsen als ihr annehmt. Der erste Moment ist auch hier entscheidend. Vor allem kommt es darauf an, den Bremsvorgang so sanft wie nur möglich einzuleiten, um dann die Bremskraft Schritt für Schritt zu erhöhen. Genau wie beim Fahren auf einer befestigen Straße müssen sich erst die Reifen an den Boden anpassen und die Federelemente komprimieren, bevor die Bremskraft optimal übertragen werden kann.

FEDERUNG
Es gibt eine Besonderheit beim Bremsen im Gelände, denn wenn der Bremsvorgang abgeschlossen ist, kann sich die Federung vorne je nach Untergrund früher und schneller entspannen. Dabei ist es möglich, dass das Vorderrad wie beim Überbremsen seitlich etwas wegrutscht. Auch hier hilft wieder das Allheilmittel: Gasgeben.

Nicht einfach, aber machbar. Das Bremsen bergab verlangt Mut und gute Kontrolle der Vorderradbremse.

03
IPONE
PAMPERA

Grundsätzlich wird sie Vorderradbremse betätigt, die Hinterradbremse dient lediglich zum Stabilisieren des Motorrades auf der Geraden. In der Kurve kann ein zu stark mitgebremstes Hinterrad wegrutschen und zum Sturz führen. Beachtet, dass sich die Leistung eurer Bremse durch äußere Einflüsse wie Regen, Matsch, Sand oder Wasser verändern kann. Hier müsst ihr eure Erfahrungen sammeln und in der entsprechenden Situation anwenden. Durch die Verwendung anderer Bremsbeläge können die genannten Einflüsse möglicherweise entschärft werden. Ein Umbau auf Stahlflex-Leitungen lohnt sich dann auch, weil der Druckpunkt beim Bremsen genauer wird.

Auf losem Untergrund

Der Unterschied zum Fahren auf der Straße ist die Beschaffenheit des Untergrunds im Gelände. Dort gibt es keinen Asphalt, der maximale Schräglagen erlaubt. Durch Sand, Kies, Geröll, Erde, Schlamm und Wasser ist die Haftreibung minimal. Damit trotzdem Kräfte übertragen zu können, müssen sich die Reifen mit ihren groben Profilen in den Boden drücken und sich sinnbildlich einkrallen. Das gelingt nicht immer. Auf losem Untergrund, also grobem Kies zum Beispiel, sind die Stollen kleiner als die Brocken und können sich nicht festfahren. Um dennoch bremsen zu können, müsst ihr die Brocken erst verrutschen.

Am besten bremst ihr mit dem Hinterrad maximal, so dass das Rad eine tiefe Schleifspur hinterlässt. Vorne dürft ihr nur leicht bremsen, denn die Seitenführung ist sehr gering. Vergesst hier nicht, euren Schwerpunkt möglichst weit nach hinten zu verlagern. Streckt den Hintern so weit es geht in Richtung Heck.

Mit einem guten Knieschluss müsst ihr das Motorrad dabei stets gerade halten, denn bei einem blockierenden Hinterrad kann das viel Heck leichter ausbrechen. Lange Arme und ein weit nach hinten geschobenes Becken geben dem Motorrad zusätzliche Stabilität.

GROBER UNTERGRUND

Je grober der Untergrund ist, umso stärker müsst ihr hinten bremsen und vor allem die Geschwindigkeit generell niedriger halten.

Am Hang

Das Bremsen am Hang stellt euch vor zwei große Probleme. Erstens psychologisch, denn das steile Bergabfahren kostet Überwindung. Zweitens könnt ihr mit dem Hinterrad keine Bremskraft übertragen, weil das zu sehr entlastet ist. Das Bremsen bergab verlangt also den sensiblen Umgang mit der Vorderradbremse. Hierzu ist die Übung im Kapitel „Fahren auf der Straße – Bremsen – Übungen“ eine Grundvoraussetzung. Wenn ihr diese gut beherrscht, ist es möglich, dass ihr im Hang stehen bleiben könnt.

BREMSEN BERGAB

Beim Bremsen bergab ist es extrem wichtig, den eigenen Schwerpunkt möglichst weit nach hinten zu bringen. Bremst von Anfang an so gut wie möglich, denn wenn das Motorrad erst einmal in Schwung kommt, wird das immer schwieriger. Das Hinterrad sollte auf keinen Fall blockieren. Der Motor sollte unbedingt laufen und der erste Gang eingelegt sein.

Ein Vorderreifen mit wenig Luftdruck bringt euch im Gelände deutliche Vorteile, weil dadurch die Auflagefläche größer wird und er sich dem Untergrund besser anpasst. Besonders beim abwärts bremsen

Wenn ihr schräg zum Hang fahren wollt, müsst ihr die Tal-Fußraste belasten, um geradeaus fahren zu können. Ansonsten würde das Motorrad zum Tal hin einlenken. Die Hangfahrt hier ist fahrtechnisch identisch mit einer engen Rechtskurve.

03
ACERBIS
IPONE

Das Bremsen auf rutschigem Untergrund verlangt einen gefühlvollen Umgang mit dem Bremshebel.

am Hang machen sich abgefahrene Stollen am Vorderreifen deutlich bemerkbar, da sich die Haftung der Stollen erheblich verringert. Ein Ummontieren des Reifens auf die andere Laufrichtung kann die Einsatzdauer des Reifens verlängern.

MIT WENIG BENZIN FAHREN

Die Übungen in diesem Kapitel solltet ihr mit möglichst wenig Benzin im Tank durchführen. Das Motorrad wird leichter und ihr spart euch Kraft.

Auf rutschigem Untergrund

Eine besondere Herausforderung ist das Bremsen auf rutschigem Untergrund. Die Reifen finden dort so gut wie keinen Halt. Darum ist es hier entscheidend, die richtigen Stollen montiert zu haben. Wenn ihr nicht die passende Bereifung auf den Rädern habt, versucht nach Möglichkeit, einen rutschigen Untergrund zu vermeiden. Solltet ihr unverhofft dort landen, müsst ihr sehr vorsichtig bremsen. Der eigene Schwerpunkt muss wieder ganz nach hinten, der Knieschluss möglichst gut sein und der Lenker locker gehalten werden.

Das Einleiten des Bremsvorgangs ist hier besonders behutsam vorzunehmen. Sollte sich das Vorderrad mehr und mehr in den weichen Untergrund einfahren, kann es passieren dass es plötzlich stecken bleibt. Wenn ihr das merkt solltet ihr kurz vorher die Bremse ein wenig lösen und euch auf einen kurzen Gasstoß vorbereiten, der das Vorderrad über das angestaute Bodenmaterial bringt.

GASSTOSS

Dieses Manöver ist sehr schwierig und erfordert ein sehr gutes Fahrkönnen!

Tendenziell wird hinten mehr gebremst als vorne. Ein wegrutschendes Vorderrad muss auf jeden Fall verhindert werden. Wenn genügend Platz ist, könnt ihr durch kurzes Loslassen der Bremse den aufgeschobenen Untergrund überfahren und den Reifen neuen Halt finden lassen.

MOTORRAD ABLEGEN

Solltet ihr in einer Situation nicht mehr weiter kommen und im losen Untergrund stecken bleiben, befreit ihr euer Motorrad am einfachsten, indem ihr es auf die Seite ablegt. Dann könnt ihr die Räder leicht aus der Vertiefung herausziehen und neben der alten Spur aufsetzen.

Beschleunigen

Das Beschleunigen im Gelände gehört wiederum zu den leichteren Übungen. Aber auch hier gilt es, einige Dinge zu beachten. Prinzipiell gibt es zwei Möglichkeiten des Beschleunigens, entweder sitzend oder stehend. Das Beschleunigen im Gelände dient nicht allein dem schnelleren Vorankommen, sondern es ist auch einsetzbar, um die Fahrtrichtung zu ändern.

Sitzend

Sitzend fahren heißt passiv fahren, das hatten wir bereits. Für das Beschleunigen gilt genauso, dass wir durch die Änderung der Geschwindigkeit einen Ausgleich durch Bewegung machen müssen. Durch das Gasgeben wird das Motorrad schneller. Unser Körper muss dazu in die entsprechende Position gebracht werden, um die Massenträgheit auszugleichen. Das heißt die Knie an den Tank drücken, Druck auf die Fußrasten ausüben, den Oberkörper nach vorne beugen und den Lenker mit nach außen angewinkelten Ellenbogen nur locker halten. Das Beschleunigen im Gelände führt schnell dazu, dass das Hinterrad durchdreht und an Seitenführung und Kraftübertragung verliert. Gebt deshalb nur so viel Gas, dass das Hinterrad gerade nicht durchdreht, ihr seid dadurch schneller.

Die Haltung der Arme sollte so sein, dass die beiden Ellenbogen möglichst immer nach oben und nach außen zeigen.

IM STEHEN BESCHLEUNIGEN

Das Beschleunigen im Sitzen ist bequemer, kann aber nicht so stark sein wie im Stand. Wenn ihr euren Oberkörper nicht nach vorne bringt und beim Beschleunigen lange Arme macht, zieht ihr am Lenker und am Gasgriff. Dadurch könnt ihr die Geschwindigkeit nicht mehr so schnell reduzieren und riskiert ein abhebendes Vorderrad.

Stehend

Stehend könnt ihr euren Schwerpunkt noch weiter nach vorne bringen und damit stärker Beschleunigen. Wie immer solltet ihr einen guten Knieschluss haben und euren Oberkörper nach vorne beugen. Der Rücken ist gerade und der Lenker liegt locker in den Händen. Der Ablauf beim Beschleunigen im Stand ist gleich mit dem für das Fahren bergauf. Der

TOURATECH

Beim Beschleunigen im Sitzen ist die Körperhaltung des Fahrers sehr wichtig. Die Schenkel sollten fest an der Maschine anliegen und der Oberkörper deutlich nach vorne gerichtet sein. Achtet darauf, dass der Lenker nach Möglichkeit völlig entlastet ist.

Druck, der auf die Fußrasten ausgeübt wird ist damit maximal.

Wie schon beim Beschleunigen im Sitzen beschrieben, kann auch bei dieser Fahrhaltung das Hinterrad durchdrehen. Das solltet ihr verhindern, obwohl dieser Fall im Stehen deutlich später eintritt. Beim Beschleunigen bergauf kommt dazu, dass das Vorderrad weniger belastet wird und abheben kann. Zieht den Lenker möglichst nahe zum Bauch, lasst aber einen Sicherheitsabstand von ein paar Zentimetern.

Wenn ihr das obere Ende der Auffahrt erreicht habt, schiebt den Lenker schnell nach vorne und bringt euren Hintern gleichzeitig ganz nach hinten. Damit zwingt ihr euer Motorrad schnell in die Horizontale und könnt schneller weiter fahren oder gegebenenfalls stehen bleiben.

Kurvenfahrt

Beim Fahren im Gelände treffen wir sogar noch wesentlich häufiger auf Kurven als auf der Straße. Diese Kurven sind allerdings nicht immer klar vorgegeben und so leicht vorhersehbar wie ihr es vielleicht gewohnt seid, sondern können durch unsere Fahrlinienwahl erst entstehen. Wenn ihr einem Hindernis auf der Geraden ausweichen wollt, genügt es, einfach um es herumzufahren. Das macht ihr ganz einfach, indem ihr mit eurer Maschine drei kurz aufeinander folgende kleine Kurven fahrt.

Wie beim Beschleunigen könnt ihr Kurven ebenfalls im Stand oder sitzend fahren. Grundsätzlich geht es beim Kurvenfahren im Gelände immer darum, eine Seitenführung der Räder aufzubauen – sei es durch das gezielte Befahren von schrägen Geländeformen oder durch die Körperhaltung und Gewichtsverlagerung.

Das Vorbeugen auf der Maschine erleichtert euch das Beschleunigen.

Auch das Bergauffahren lässt sich mit dieser Technik vereinfachen.

Selbst Profis, wie der Vizeweltmeister im Trial Takahisa Fujinami, wenden diese Technik an.

Sitzend

Nachdem das Fahren im Sitzen passiv ist, gilt, dass auch für eine Kurvenfahrt die im Sitzen durchgeführt wird. Änderungen am Kurvenverlauf sind dadurch nicht so gut möglich wie beim Kurvenfahren im Stand. Welchen Vorteil bietet das Fahren einer

QUERKRÄFTE

In Kurven müssen die auftretenden Querkräfte kompensiert werden. Der Boden nimmt diese Kräfte auf der Ebene kaum auf, also sind andere Maßnahmen notwendig.

Bei dieser Kurvenfahrt bricht das Hinterrad aus, weil keine Schräge vorhanden ist um die Querkräfte aufzunehmen.

Kurve im Sitzen also? Durch das Sitzen ist unser Schwerpunkt niedriger und wir können das kurveninnere Bein für eventuelle Kurskorrekturen, zum Stabilisieren oder zum Abfangen von der Fußraste nehmen. Drückt dabei das freie Bein trotzdem an den Tank, um das Motorrad optimal zu kontrollieren. Ein freies Bein das keinen Kontakt zum Motorrad hat, ist wie ein Pendel, das den Gesamtschwerpunkt laufend verändert.

Um in der Kurve den Seitenhalt der Reifen herzustellen, brauchen wir eine Schräge. Auf diese Schrägen kann die Fliehkraft übertragen werden, was auf einer Ebene nur zum Bruchteil möglich ist. Die Suche nach nutzbaren Schrägen geht der Kur-

Kleine Schrägen sind meist am Rand eines Wegs zu finden und für Kurvenfahrten geeignet.

venfahrt voraus. Meist befinden sich Schrägen am Rand unseres Wegs. Es gehört viel Übung dazu, den besten Fahrweg sicher zu erkennen.

Die mögliche Schräglage ist beim Fahren auf Schrägen höher, was mehr Tempo bedeutet. Aus diesem Grund fahren gute Fahrer wann immer es geht auf so genannten Anliegern durch Kurven. Anlieger sind höhere Schrägen die dem Kurvenverlauf folgen.

Die Bilderserie auf S. 126 zeigt die Fahrweise in engen Kurven, wenn ein Anlieger vorhanden ist. So sind sehr hohe Durchfahrtgeschwindigkeiten möglich. Bei diesem Manöver ist ein gewisses Mindesttempo nötig, um nicht ins Kurveninnere zu kippen. Wenn ihr euch nicht sicher seid, wie schnell ihr den Anlieger fahren könnt, fahrt ihn langsamer an und steigert in der Kurve das Tempo. Schon nach wenigen Versuchen werdet ihr schon sehr sicher in den Anlieger fahren.

Gangauswahl

Auch im Gelände gilt es, den richtigen Gang bereits vor der Einfahrt in die Kurve zu wählen. Schalten in der Kurve unterbricht den Durchzug und führt zu Störungen im Ablauf.

Gegenüber dem Straßenfahren kann das Schalten jedoch ohne Kupplung durchgeführt werden, wenn der Boden nicht zu viel Haftung aufweist. Damit sind falsche Gangwahlen noch relativ gut zu korrigieren, sollte aber die Ausnahme bleiben um das Material zu schonen.

Stehend

Kurvenfahren im Stehen ist etwas schwieriger aber dennoch notwendig, vor allem, wenn keine Schrägen vorhanden sind. Das Lenken erfolgt dabei hauptsächlich über die Gewichtsverlagerung auf

Im Gelände sollte das Schalten während der Kurvenfahrt nach Möglichkeit vermieden werden da es den Durchzug unterbricht.

enduro
Beta

Schnelle Kurven können im Sitzen gefahren werden, allerdings braucht man dafür einen Anlieger.

Mit einem ausgestreckten, am Tank anliegenden Bein im Kurveninnern wird das Motorrad stabil gehalten.

Die großen Fliehkräfte in der Kurve werden über die Schräge des Anliegers aufgenommen und übertragen.

den Fußrasten. Die Haltung auf dem Motorrad ist stark nach vorne gerichtet und je nach Kurvenrichtung etwas geneigt.

FAHREN IM STEHEN

Das Fahren im Stehen kann insbesondere in Kurven sehr anspruchsvoll sein. Ihr solltet daher, ehe ihr auf diese Weise fahrt, unbedingt schon ein wenig vertrauter mit eurer Maschine sein. Diese Übung sollte nicht von Anfängern und ungeübten Fahrern durchgeführt werden.

Etwas schwieriger, aber effektiver – Im Stand kann besser auf das Motorrad eingewirkt werden. Der Gleichgewichtssinn und die richtigen Reflexe müssen dabei aber sehr gut trainiert sein.

Sprünge

Sprünge sehen spektakulär aus, sind für den Fahrer ein besonderer Reiz und können demonstrieren, wie gut das Motorrad beherrscht wird. Sie sind gar nicht so schwierig durchzuführen. Bei kleineren Sprüngen sind nur ein paar Dinge zum Gelingen zu beachten.

HINWEIS: SPRUNGTECHNIK

Sicher kann man mit einem Motorrad auch auf eine Kante springen oder sogar größere Hindernisse im hohen Bogen überfliegen, doch das ist für den Durchschnittsfahrer kaum realisierbar. Hierfür muss man seine Maschine und deren Leistung sehr genau kennen Darum ist dieses Thema in das nächste Buch über Endurofahrtechniken verschoben worden.

Hier die wichtigsten Punkte der Reihe nach beim Springen von einer Kante.

Folgende Schritte sind beim Springen von einer Kante nötig:

- Blickt ins Landegebiet und stellt sicher, dass genügend Platz vorhanden ist
- lasst das Motorrad bis an die Kante rollen
- spätestens hier müsst ihr stehen und euch auf den Sprung vorbereiten
- sobald das Vorderrad eurer Maschine die Kante des Abhangs erreicht, müsst ihr Gasgeben und euren Schwerpunkt nach hinten beschleunigen indem ihr euer Becken nach hinten schiebt
- wenn ihr das Becken nach hinten schiebt, zieht ihr gleichzeitig kräftig am Lenker
- das Gas sollte nun genau so weit aufgedreht werden, dass das Motorrad erst einmal ganz gerade in der Luft bleibt und auf keinen Fall zu früh mit dem Vorder- oder Hinterrad nach unten wegsackt
- bevor euer Hinterrad nun die Kante passiert, erhöht ihr das Gas etwas um das Vorderrad leicht anzuheben

- in dem Moment zieht ihr euch etwas näher zum Lenker um beim Landen wieder mittig zum Motorrad stehen zu können
- die angewinkelten Knie fangen euch bei der Landung auf
- bei der Landung solltet ihr erneut Gas geben, um der Federung etwas zu helfen. Beim Gasgeben während der Landung wird die Federung dadurch stärker gespannt und schlägt nicht so leicht durch.
- grundsätzlich solltet ihr immer zuerst auf dem Hinterrad landen wie im Bild links zu sehen ist.

Beim Sprung sollten die Knie leicht angewinkelt werden.

Sobald das Vorderrad die Kante erreicht, heißt es am Lenker ziehen und Gas geben, damit das Hinterrad zuerst aufkommt.

aprilia

Übung

Probieren geht über Studieren. Ein wahrer Spruch, der besonders treffend beim Fahren mit dem Motorrad im Gelände ist. Um im Gelände besser und effektiver voran zu kommen und mögliche Probleme zu bewältigen, solltet ihr unbedingt entsprechende Trainings absolvieren. Es gibt viele Angebote professioneller Fahrtrainings. Meist sind sie eurem Fahrkönnen angepasst, sodass sich mit ihnen ein sehr großer Lernerfolg erzielen lässt. So ein Training ist eine Investition für die Zukunft und überall, im Gelände und auf der Straße, umsetzbar.

FAHRTRAINING
Ihr solltet mindestens einmal ein Training zum Fahren im Gelände absolviert haben, auch wenn ihr danach trotzdem nur auf der Straße fahren wollt. Mit so einem Training fahrt ihr auch auf der Straße besser und sicherer.

Im Anhang findet ihr eine Reihe interessanter Internet-Adressen von Anbietern solcher Trainings. Schaut euch die Seiten einmal an, vielleicht liegt ja der ein oder andere in der Nähe eures Wohnorts.

Insbesondere das Fahren auf Schotter erfordert Übung.

Ideal ist ein professionelles Training wie bei Trail&Trial.

Verhalten bei Sturz

Erste-Hilfe-Tipps

Meist schaut es nach einem Sturz schlimmer aus als es ist, aber bei manchen Crashs kann es auch ernst werden. Die Angst vor dem Sturz ist groß, doch die nach dem Sturz kann noch viel größer sein. Wie geht man am besten mit solchen Ängsten um?

Tipp
Die 10 wichtigsten Erste-Hilfe-Maßnahmen

1. Unfallstelle absichern (oder absichern lassen) und Verletzten aus unmittelbarer Gefahrenzone entfernen
2. Versuche mit dem Verletzten zu sprechen und beruhigend einwirken, bei dem Verletzten bleiben
3. Atmung und Puls bei bewusstlosen Verletzten prüfen. Bei Herzstillstand Herzmassage und Beatmung durchführen
4. Wenn der Verletzte nicht ansprechbar ist, Helm vorsichtig abnehmen, in stabile Seitenlage bringen (Halswirbelsäule dabei permanent leicht auf Zug halten und mit drehen) und auf freie Atmung achten
5. Eventuell vorhandene Blutungen stoppen
6. Verletzten vor Auskühlung oder Überhitzung schützen
7. Versuchen Hilfe zu holen, bzw. jemanden damit beauftragen
8. Motorrad und herumliegende Teile wegräumen bzw. wegräumen lassen
9. Sich selbst bei der Hilfe nicht in Gefahr bringen
10. Notrufnummern immer parat haben (Notarzt: 112, Polizei: 110)

Wie verhält sich der Fahrer

Bei einem Sturz mit dem Motorrad passiert naturgemäß mehr als bei einem anderen Fahrzeug. Es ist keine Knautschzone vorhanden. Die Schutzhülle tragen wir direkt am Körper und so müssen Schläge direkt von ihm kompensiert werden. Das bedeutet kleinere oder größere Verletzungen.

Wenn ihr an einen Unfallort mit einem Motorradfahrer kommt, könnt ihr euch vielleicht besser in dessen Lage versetzen als ein reiner Pkw-Fahrer. Darum solltet gerade ihr helfen.

Wichtigste Kontrolle ist das Bewusstsein des Verunfallten. Wenn der Verletzte ansprechbar ist, habt ihr viele Sorgen weniger. Wenn er es nicht will, lasst ihm den Helm auf dem Kopf. Wenn nicht, nehmt ihn in Absprache vorsichtig ab. Wenn sichtbare Verletzungen vorhanden sind, sollten die sofort behandelt werden. Ein Erste-Hilfe-Kurs in regelmäßigen Abständen hält euch dabei fit und stärkt zudem das Selbstvertrauen in solchen Situationen.

Helm abnehmen bei bewusstlosem Fahrer

Problematisch wird es, wenn der Verletzte nicht ansprechbar ist. Dann heißt es: Helm runter. Aber vorsichtig. Das korrekte Abnehmen des Helms funktioniert am besten zu Zweit und sollte vorher mal geübt werden, denn es gibt einige wichtige Dinge zu beachten. Die Halswirbelsäule ist immer auf leichten Zug zu halten und darf nicht in sich verdreht werden. Das Abnehmen des Helms ist so nicht einfach, aber erlernbar. Nachdem der Helm abgenommen wurde, ist die Atmung und der Puls zu überprüfen und den üblichen bekannten Maßnahmen folge zu leisten.

Umgang mit der Angst vor und nach dem Sturz

Eines der schwierigsten Themen im Zusammenhang mit dem Motorradfahren ist die Angst vor dem Sturz, aber auch die nach dem Sturz.

Vor dem Sturz ist die Angst davor bei jedem Menschen mehr oder weniger stark ausgeprägt. Überwiegt die Angst und tendiert schon in Richtung Panik, heißt es das Motorradfahren besser sein zu lassen. Eine gewisse Portion Angst, wenn sie noch im Bereich Respekt liegt, schadet nicht, sondern ist quasi als innere Sicherheitseinrichtung nützlich. So hindern wir uns selbst, gefährliche Dinge zu riskieren. Aber Motorradfahren bedeutet statistisch zwangsläufig, einen Sturz zu erleben. Davor haben viele Angst. Hier geht es darum zu versuchen, mit dieser Angst zu leben. Als wichtigste Überwindungshilfe dient das Vertrauen in die Sicherheit der getragenen Schutzbekleidung. Bis zum ersten Sturzerlebnis könnte man prinzipiell nackt fahren, aber im Falle eines Falles hilft nur die passende Kleidung mit modernen und zahlreichen Protektoren. Hier solltet ihr also keine Kompromisse (und ein den Stahlhelmen nachempfundener Motorradhelm ist ein sehr schlechter Kompromiss) eingehen oder an der falschen Stelle sparen. Auch solltet ihr die Kleidung stets geschlossen tragen. Denkt immer daran, dass es euch in den nächsten fünf Minuten treffen könnte. Nein, ihr sollt euch nicht auf einen Sturz einstimmen, sondern versuchen, euch davor zu schützen. Ihr legt den Gurt im Auto ja auch nicht an, weil ihr denkt, dass ihr innerhalb der nächsten 3 Kilometer einen Crash habt. Es geht erst mal nur um die bestmögliche Vorbereitung.

Auch auf einen Sturz könnt ihr euch selbst aktiv vorbereiten. Ideal ist hierzu ein Supermoto-Training mit entsprechender Schutzbekleidung, also einer Lederkombi. Beim Supermoto fährt man bewusst immer im Grenzbereich und die Wahrscheinlichkeit eines Sturzes ist hier sehr hoch. Weil beim Supermoto aber große Schräglagen gefahren werden, ist der Abstand zum Boden gering. Die niedrige Fallhöhe vermindert den Aufprall. Bei so einem „geplanten“ Sturz mit weniger Schmerzpotential könnt ihr wertvolle Erfahrungen sammeln. Wie verhält

Im Falle eines Falles signalisiert eine gehobene Hand mit Blickkontakt den anderen dass soweit alles in Ordnung ist.

Tipp
Helmabnahme und Erste Hilfe

Die Helmabnahme bei einem Verunglückten war lange Zeit umstritten. Der Helm schützt zwar vor Kopfverletzungen, die Halswirbelsäule ist bei einem Unfall jedoch größten Belastungen ausgesetzt. Deshalb ist es sehr wichtig bei der Helmabnahme mit besonderer Vorsicht im Bezug auf Halswirbelverletzungen vorzugehen, um nachträgliche Schädigungen zu vermeiden.
Ist der Helmträger bewusstlos, muss der Helm abgenommen werden, es besteht ein lebensbedrohlicher Zustand, denn der Bewusstlose kann sich nicht durch Husten, Schlucken, Niesen oder Würgen helfen. Die Gefahr, dass die Atemwege verlegt sind und die Atmung behindert wird ist sehr groß. Dies kann durch Fremdkörper wie Kaugummi, Bonbon, die dritten Zähne, Erbrochenem, Blut oder durch das Zurückfallen der Zunge in den Rachen verursacht werden.
Alles was die Atmung behindert muss entfernt werden. Bei der stabilen Seitenlage ist der Kopf der tiefste Punkt des Körpers und alle Flüssigkeiten können aus dem Mundwinkel abfließen. Ein Überstrecken des Kopfes sorgt dafür, dass sich die Zunge im Rachen hebt und die Atemwege wieder frei sind, gegebenenfalls muss die Zunge mit den Fingern nach vorn gezogen werden.
Wenn der Helm den Abfluss von Flüssigkeiten behindert oder Fremdkörper bzw. die Zunge die Atmung behindern ist die Gefahr des Erstickens groß. Der Helm muss nun vorher abgenommen werden.
Zum Abnehmen des Helms sollten zwei Helfer zur Verfügung stehen. Der bewusstlose Motorradfahrer liegt auf dem Rücken, der eine Helfer kniet am Kopf, der andere Helfer kniet seitlich am Hals. Dabei so schonend wie möglich vorgehen!
Das Entfernen des Helms geschieht in mehreren Schritten:

- Visier öffnen und – falls vorhanden – Brille abnehmen.
- Ein Helfer fasst die Unterkante des Helms und den Unterkiefer des Verletzten und zieht den Kopf ganz leicht in Längsrichtung.
- Der zweite Helfer öffnet den Kinnriemen, während der erste den Zug beibehält.
- Der zweite Helfer fasst mit einer Hand unter den Hinterkopf, mit der anderen Hand unter das Kinn des Verletzten und übernimmt die Streckung nach hinten.
- Der erste Helfer zieht den Helm vorsichtig vom Kopf des Verletzten.
- Der zweite Helfer fixiert während dieser Zeit den Kopf.
- Ist der Helm abgenommen, muss der Kopf weiterhin fixiert werden – und zwar so lange, bis der Rettungsdienst die Versorgung übernimmt.
- Wenn der Betroffene noch atmet, bringt ihn in die stabile Seitenlage.
- Bei der Drehung in die Seitenlage muss der Kopf stabilisierend mitgeführt werden.

Deckt den Verletzten zu und kontrolliert ständig Bewusstsein, Atmung und Puls.
Das Abnehmen des Helms sollte in einem Kurs geübt werden um im Notfall zügig helfen zu können.
Es gibt verschiedene Arten von Helmen, wie Integral- oder Klapphelme. Beim Klapphelm lässt sich das Kinnteil hochklappen, indem man ihn seitlich öffnet und hochklappt. Auch die Helmverschlüsse sind nicht alle gleich. Manche Kinnriemen haben Druckverschlüsse, andere einfache Laschen.

Hinweis:
Die Hilfe von Verletzten ist verpflichtend. Wer nicht hilft, kann bestraft werden. Siehe hierzu §323c StGB: „Wer bei Unglücksfällen oder gemeiner Gefahr oder Not nicht Hilfe leistet, obwohl dies erforderlich und ihm den Umständen nach zuzumuten, insbesondere ohne erhebliche eigene Gefahr und

ohne Verletzung anderer wichtiger Pflichten möglich ist, wird mit Freiheitsstrafe bis zu einem Jahr oder mit Geldstrafe bestraft."
Ob wirklich Hilfe vonnöten ist oder nicht: Unfallhelfer sind auf jeden Fall versichert. Das Rheinlandpfälzische Landessozialgericht entschied, dass der gesetzliche Unfallversicherungsschutz bereits dann besteht, wenn sich ein Helfer dazu entschließt anzuhalten, um festzustellen ob er helfen kann. Auch wenn sich die Hilfe dann als überflüssig erweist. Nur Neugierige, die anhalten um zu gaffen, sind nicht versichert (Urteil: AZ L 3 U 160/94)

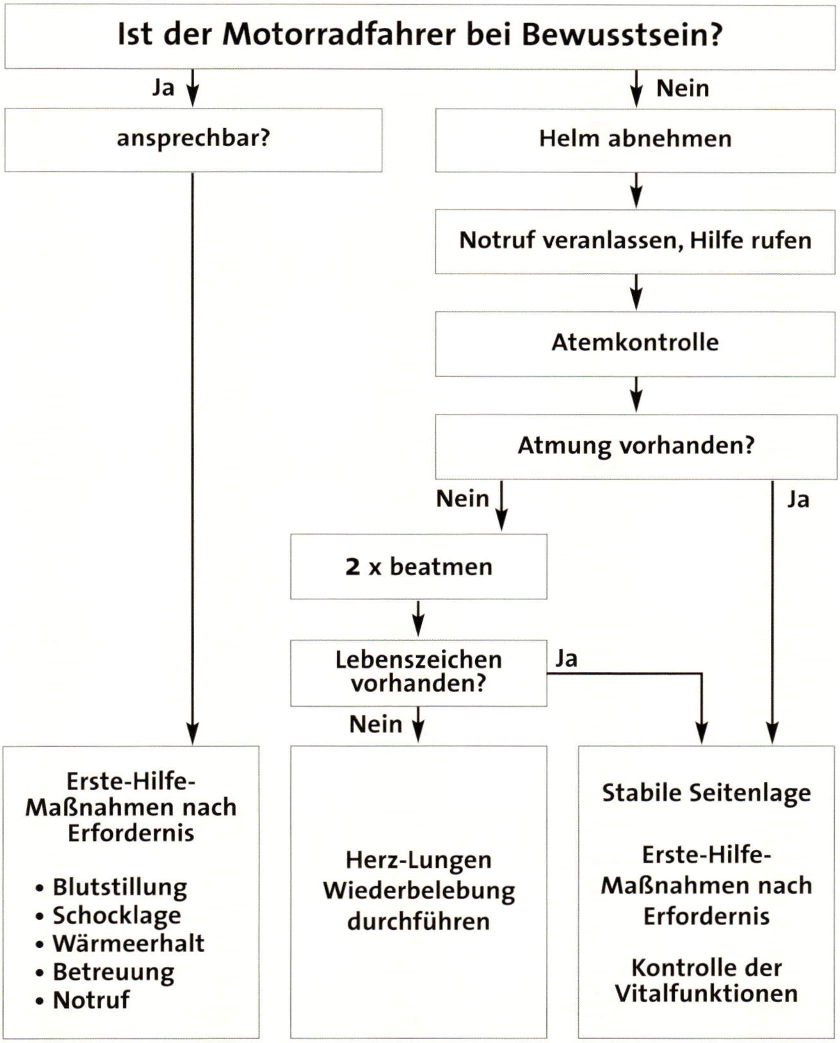

sich das Motorrad, wo befinden sich die empfindlichen Stellen am eigenen Leib und was passiert alles beim Sturz. Das hört sich jetzt vielleicht etwas makaber an, doch diese Erfahrungen helfen, das Selbstbewusstsein zu festigen und die Angst vor dem Sturz in Grenzen zu halten.

Ein weiteres psychologisches Problem ist die Angst nach dem Sturz. Diese Angst kann unter Umständen viel größer sein und manchmal auch nicht überwunden werden. Besonders nach einem Sturz, bei dem schwere Verletzungen oder traumatische Erlebnisse enthalten waren, kann eine Hemmschwelle zum Motorrad aufgebaut werden. Meistens läuft es aber glimpflich ab. Nach einem Sturz solltet ihr euch erst einmal geistig sammeln, die Ursache analysieren und versuchen zu verarbeiten. Wenn ihr auf einen eigenen Fehler (Unachtsamkeit, zu hohes Tempo, schlechte Konzentration) kommt, müsst ihr euch das eingestehen und in Zukunft zu vermeiden versuchen. Trifft euch keine Schuld, könnten unglückliche Umstände (nicht erkennbare negative Fahrbahneigenschaften, witterungsbedingte Einflüsse oder Fehlfunktionen am Motorrad) für den Sturz verantwortlich sein. Auch hier müsst ihr die Ursache analysieren und für die Zukunft beachten. Wenn ihr mit dem Schrecken davon gekommen seid und euch nicht arg verletzt habt, solltet ihr versuchen, nach einer Beruhigungsphase wieder auf das Motorrad zu steigen und weiter fahren. Je größer der zeitliche Abstand zwischen Sturz und Weiterfahrt ist, umso größer wird die Überwindung dazu sein.

FAZIT

Bereitet euch mental und in Trainings auf einen Sturz vor. In der Regel ist er nicht so schlimm, außer dass das Ego und ein paar Motorradteile angekratzt werden.

Anhang

Tipp
Internationale Notrufnummern

Land / Region	Polizei	Feuerwehr	Rettungsdienst
Deutschland	110	112	112 (auch 19222)
Europa	112	112	112
Belgien	101	100	100
Bulgarien	166	160	150
Dänemark	112	112	112
Frankreich	17 oder 112	18 oder 112	15 oder 112
Griechenland	100	199	166
Großbritannien und Nordirland	999	999	999
Indien	101	102	103
Irland	999	999	999
Italien	113 oder 112	115 oder 112	118 oder 112
Kanada	911	911	911
Kroatien	92 oder 112	93 oder 112	94 oder 112
Liechtenstein	117 oder 112	118	114
Luxemburg	113	112	112
Österreich	133 und 112	122 und 112	144 und 112
Schweiz	117 und 112	118	144
Singapur	999	995	995
Slowakische Republik	158 oder 112	150 oder 112	155 oder 112
Slowenien	113	112	112
Tschechische Republik	158 oder 112	150 oder 112	155 oder 112
USA	911	911	911

Tipp
Der Notruf selbst

Bei einem Notruf handelt es sich um eine sehr ernste Situation, auf die man sich vorbereiten sollte. Bei einem Notruf müssen wichtige Informationen übermittelt werden, welche die fünf W-Fragen beantworten:

- Wo ist es passiert?
- Was ist passiert?
- Wie viele Verletzte?
- Welche Art Verletzungen?
- Warten auf Rückfragen!

Internetadressen für Motorrad- und Endurotrainings in Deutschland

http://training.baboons.de
www.bmw-motorrad.de
www.trail-trial.de
www.enduro-schule-zschopau.de
www.motorradonline.de/mrd/actionteam
www.amc-sulzbach-rosenberg.de
www.enduro-training.info
www.enduroschule-nrw.de
www.ms2.de
www.zitzewitz.com
www.top-enduro.de
www.didi-lacher.com
www.enduropro.de
www.dirtcheck.de
www.southern-cross-australia.com
www.mila.de
www.motobasis.de
www.mobiketours.de
www.motorrad-sicherheit-sport.de
www.motorrad-akademie.de

Trainingsgelände von BMW in Hechlingen

Schlusswort

Ich würde mich sehr freuen, wenn ich euch mit diesem Buch dazu verhelfen konnte, besser und sicherer mit dem Motorrad zu fahren. Motorradfahren ist eine sehr komplizierte Sache und erfordert einiges an Können. Wenn euch das Buch gefallen hat, oder ihr Kritik loswerden wollt, könnt ihr mich gerne darauf aufmerksam machen. Schreibt mir hierzu einfach an: mail@motocamp.de

Danksagung

Mein besonderer Dank gilt meiner lieben Frau Martina, die mir in der Zeit der Bucherstellung stets den Rücken frei gehalten hat. Außerdem möchte ich dem lieben kleinen Spunk bei der Korrekturlesung der Konzepte und der weiblichen Sichtweise danken. Aus dieser Sicht sind fahrtechnische Belange und technokratische Erklärungen oft anders zu verstehen.

Mein Dank gilt weiterhin den Freuden, die mir bei den Fotoaufnahmen als Fahrer stets eine große Hilfe waren, ganz besonders Mani Wieder. Ebenso Emanuel Neftzger, Stefan Blank, Peter Priemer, Chris Schmiedt und Hans Eder.

Zum Schluss möchte ich meine Grüße an Manfred Schiemer von Trail&Trial richten, dem ich einen Großteil meines Wissens in Bezug auf die Fahrtechniken beim Motorradfahren verdanke. Die Trainings bei ihm haben mir besonders viel gebracht und immer für Heiterkeit gesorgt.

An dieser Stelle danke ich auch Andi Mück, Andrea Annaberger, Uli Hanus, Jens Zimmermann, Jo Bauer, Martin Neußer, Heribert Magg, Jens Scheffler, Bert von Zitzewitz, Dirk Thelen, Reiner Fink und Thomas Schilcher für zahllose Tipps und Tricks.

Nachdem ihr nun ans Ende dieses Buches gekommen seid hoffe ich, dass ihr nun zumindest theoretisch besser fahren könnt. Nun heiß es üben, üben und nochmals üben.

Register